JN077341

with & after
コロナ禍を生き抜く
新しい企業の人事・労務管理

SR労務管理研究会
特定社会保険労務士
川崎秀明
弁護士
樋口治朗
社会保険労務士
平澤貞三
社会保険労務士
滝口修一
特定社会保険労務士
亀谷康弘
［著］

清文社

はじめに —会社方針の明確化、共有の必要性

新型コロナウイルス感染症拡大の脅威にさらされ、目まぐるしく変わる環境のなかで、多くの中小企業は、大変難しい舵取りを続けています。終息までには、数年かかるともいわれています。今からでも社内感染予防対策と中長期的な視点に立った、withコロナ、afterコロナの会社方針を、社員をはじめとするすべてのステークホルダーと問題意識を共有化しつつ、策定していきたいものです。本書では、「ヒト」に焦点を絞り、感染拡大の予防と事業活動の両立が持続的に可能となるよう、現時点での知見に基づき解説を行いました。

政府の緊急事態宣言下で、突発的な対応をとらざるを得なかった企業もあったかと思いますが、新型コロナウイルス国内発生早期から感染拡大期・まん延期・回復期、そして小康期にわたる発生段階ごとの人員計画（社員の勤務体制や通勤方法）などがあらかじめ検討されていれば、感染リスクを下げるとともに本来業務への支障を最小限に抑制することがある程度できたのではないでしょうか。業務の継続・縮小・休止等の経営判断も比較的しやすかったはずなのです（発生段階の区分は、厚生労働省「事業者・職場における新型インフルエンザ対策ガイドライン」から引用しましたが、今後は未曽有の危機に遭遇した経験を生かした上で、withコロナ、afterコロナという大別で検討してもよいと思います）。

すでに、beforeコロナの時代と現在では、「働き方」は大きく変わってきています。テレワークによる在宅勤務への切り替えは一気に進みました。今後は、業種や地域性、各企業の特性、環境の変化等に応じた勤務形態がさらに検討されることでしょう。また、会社へ出社する機会が大きく減るのであれば、通勤に係る問題のみならず勤怠・勤務管理や評価制度等全般も見直す必要が生じるのではないでしょうか。

経営判断として休業やサービスの一時停止などの選択を迫られた企業も多くあります。

そして、否応なくコロナウイルスとの戦いはまだまだ続くことになります。

不安を抱える社員及びその家族に対しては、「雇用を守ること」、「これからも安心して働ける職場であり続けること」をまず宣言し、会社の定める方針は、その目的のために策定されたものであることを、丁寧かつ具体的に説明することが肝要です。この過程で、情報の共有化のみならず、問題意識の共有を図ることが最優先にされるべき課題といえるでしょう。

*　　　　　*

私ども「SR労務管理研究会」は、社会保険労務士会が設立した労働保険事務組合「東

京SR経営労務センター」の有志会員と顧問弁護士である樋口治朗が立ち上げた実務家グループです。本書は、それぞれ得意・専門分野を持つベテラン執筆メンバーが、コロナ禍の道標としてご活用いただきたいとの思いからその経験と実務に裏打ちされた知見とノウハウを一冊にまとめたものです。可能な限り、最新かつ正確な情報をもとに執筆いたしましたので、事業主の方はもとより、社会保険労務士の皆さんが関与先企業に対して助言、指導する際にもお役に立てていただけるものと自負しています。

私どもの思いが、コロナ禍から企業とその社員を守る一助になりましたら幸いです。

令和２年９月

執筆者一同

本書の活用方法及び注意点

本書が目指したもの～未曽有の事態に直面している企業の羅針盤～

本書は、われわれが初めて直面しているwithコロナ時代・afterコロナ時代において、企業が直面する人事労務管理を中心とする法的問題について、企業の経営者または人事労務・法務担当者において、生じ得るケースごとに、どのような点に留意して対応するべきかイメージしていただくことを目指しています。

本書は、いわば、未曽有の事態に直面している企業の羅針盤です。

基礎編☆　応用編☆☆　発展編☆☆☆　とは？

基礎編☆：対応が必須の事項（すべての企業において対応頻度が高い事項）

応用編☆☆：対応の必要性が高い事項（企業によっては対応頻度が高い事項）

発展編☆☆☆：留意しておいたほうが良い事項（対応頻度が高いわけではないが、留意しておいたほうが良い事項）

活用上の注意点～実務対応上の「正解」については、専門家に相談する～

未曽有の事態ですから、正解がない事柄も多く発生することでしょう。

したがって、実務上の羅針盤として、法律の専門家ではない方々が比較的容易に理解することができるよう、範囲を基本事項に絞って、正確性担保を前提としつつ、できるだけわかりやすく解説しました。

そして、労働法の分野では、法律の条文だけでは解釈が確定しない事項が多く、具体的事実によって違法・適法の評価が変わってきます。特にコロナ禍においては、初めて直面する事案もあるでしょう。

つまり、本書は、実務対応上の「正解」が書かれているわけではありません。

上述したような状況下にありますから、個別具体的な事案に際しては、専門家（弁護士・社会保険労務士）に相談する必要性が高いと思われます。本書のみで即断しないよう十分に留意してください。

with & after コロナ禍を生き抜く 新しい企業の人事・労務管理

CONTENTS

第3節　賃金・処遇　

基礎編☆

応用編☆☆

第2節 効率的な人材活用・人員削減とトラブル対応 —— 172

応用編☆☆

「New Normal」でも押さえておきたい基礎知識

【資料編】

＊本書の内容は、令和２年９月１日現在の法令等関連情報によっています。なお、新型コロナウイルス感染拡大に伴う関連情報に関しては、時々刻々更新される可能性がありますので、政府等行政情報に関しては、その都度、HP等で確認するなど、ご留意ください。

【凡 例】

本文中に（　）内で引用している法令等については、以下の略記をしています。

〈例〉労働基準法第38条第2項第一号——労基法38②一

- 労働基準法……………………………………労基法
- 労働基準法施行規則…………………………労基法規則
- 労働契約法……………………………………労契法
- 労働安全衛生法………………………………安衛法
- 民事訴訟法……………………………………民訴法

本文中で引用している法令等については、以下の略記をしています。

- 労働者派遣事業の適正な運営の確保及び派遣労働者の保護等に関する法律……………労働者派遣法
- 感染症の予防及び感染症の患者に対する医療に関する法律……………………………感染症法
- 雇用の分野における男女の均等な機会及び待遇の確保等に関する法律………………男女雇用機会均等法
- 個人情報保護法………………………………個人情報の保護に関する法律
- 労働施策総合推進法…………………………労働施策の総合的な推進並びに労働者の雇用の安定及び職業生活の充実等に関する法律
- 電子署名及び認証業務に関する法律………電子署名法

第1章

感染拡大予防とコロナ禍時代の新しい企業活動

第1節

社員感染時の対応

基礎編☆

1　社員発症時の対応

Summary（要約）

1　社員が新型コロナウイルスに感染したことが判明した場合、休業させること。

2　新型コロナウイルス感染社員への賃金、休業手当は不要。

3　当該社員の感染経路等社内調査を実施し、社内外公表の義務はないが、場合によっては実施する。

社員が新型コロナウイルスに感染した場合は、入院勧告や就業制限の対象となる

新型コロナウイルス感染症が「指定感染症」と定められたことにより、社員が新型コロナウイルスに感染していることが確認された場合は、感染症法に基づき、都道府県知事が該当する社員に対して就業制限や入院の勧告等を行うことができることとなっています。

実際に、都道府県知事が当該社員に対し入院勧告をしたり、就業制限を通知した場合は、それにより会社は休業させます。

賃金・休業手当の支払いの要否

この場合、一般的には「ノーワーク・ノーペイの原則」に基づき、労働契約で定められている賃金の支払いは不要です。

次に、「使用者の責に帰すべき事由による休業」に該当しないと考えられますので、労働基準法第26条に規定されている休業手当を支払う必要はありません。なお、被用者保険に加入している社員は、要件を満たせば、傷病手当金が支給されます。また、会社が休業を命じた場合でも、当該社員が年次有給休暇の取得を希望したときは、会社はそれに応じても差し支えありません。

➡ 休業手当、年次有給休暇の活用については本章第3節「基礎編☆」①以下を参照

感染拡大防止のため社内調査、社内外公表も必要

社内から新型コロナウイルスに感染した社員が発生した場合には、他の感染者や濃厚接触者がいないかを確認する必要があります。まずは、所轄の保健所に感染者が発生したことを知らせ、対応について指導を受け、調査に協力し、その結果をもって他の感染者や濃厚接触者の有無を確定します。その結果、感染者の場合は既述のとおり休業をさせ、濃厚接触者がいれば在宅勤務や自宅待機を命じます。

また、感染した社員が、会社のどの部署に所属する者か、いつごろ発症したかなど社内での公表については、感染拡大防止など会社の安全配慮義務の観点から必要でしょう。ただし、どこまでの情報を公表するかは難しい問題です。感染した社員の個人情報となるため、会社内でも限られた範囲で取り扱うべきです。

以上の社内での調査のほかに、取引先や会社が入居するビルの貸主や管理会社などの第三者への連絡といった対外的な対応も問題になります。まず取引先での二次感染防止の目的から、感染した社員と濃厚接触した者が誰か、取引先も調査・確認する情報として、当該社員の氏名、所属、いつ確認されたか、いつごろから症状が出ていたか、取引先での打合せ日時や場所など、会社で確認できた情報は提供すべきです。

なお、新型コロナウイルスに感染したことは要配慮個人情報（健康情報）に該当し、原則として、あらかじめ本人の同意を得なければ第三者に提供できませんが、上記目的に基づいた提供であり、かつ本人の同意を得ることが困難であれば個人情報保護法の定める例外事由に該当するので、同意がなくとも提供可能と考えられます。

以上述べた情報提供もあらかじめ本人の同意を得るようにすべきですが、そもそも感染して入院等をし他人との接触が制限され、密に連絡が取れなかったり、感染予防のために迅速な措置を講じるにはあらかじめ同意を得る時間的余裕がないなど、同意を得ることが困難なときは、上記目的の範囲で同意を得ずに第三者に情報提供しても、個人情報保護法

には違反しないものと考えられます（公衆衛生の向上または児童の健全な育成の推進のために特に必要がある場合であって、本人の同意を得ることが困難であるとき（個人情報保護法23①三））。

そして、情報提供をする上で、感染した社員の個人情報を守るために、情報提供先との守秘義務を含んだ同意書を交わしておくことも必要です。

他方で、ビルの貸主や管理会社に対しては、会社の占有部分の消毒についての連絡のためのほか、共用部分の消毒の要否等ビル全体での感染防止のために、感染者が出たことやいつ感染したか、いつごろから症状が出ていたかなどを伝えれば十分で、感染した社員の特定に通じる氏名などの公表は控えるべきです。

なお、社員で感染者が出た会社において、ホームページなどで公表すべきかについては、難しい問題ですが、少なくとも一般客が来店するような業態の会社においては感染拡大を防止するための公表を検討するべきでしょう。

「New Normal」でも押さえておきたい基礎知識

他社員からの不当差別の防止

新型コロナウイルス感染症に関連して、感染者、濃厚接触者に対する誤解や偏見に基づくいじめ、嫌がらせなどの不当差別を行うことは許されません。社内でこのようなことが行われると、感染を疑われる症状が出ても、検査のための受診や、保健所への正確な行動歴・濃厚接触者の情報提供をためらってしまうなど、感染拡大防止に支障が出る恐れもあります。

会社はこのようなことがないよう、社員への周知・啓発する、適切な相談対応を行うなど、ハラスメント対策に準じた必要な対応をしましょう。

「New Normal」でも押さえておきたい基礎知識

「感染症の予防及び感染症の患者に対する医療に関する法律」（感染症法）の適用

新型コロナウイルスに感染したことが確認されると感染症法が適用され、都道府県知事による就業制限期間中の休業に際しては、民法第536条第2項の「債権者の責めに帰すべき事由」、労働基準法第26条の「使用者の責に帰すべき事由」にも当たりませんので、賃金や休業手当を支給する必要はありません。

一方で、それ以外の就業禁止、例えば使用者による感染拡大防止のための自主的な休業や都道府県知事による就業制限期間経過後の休業命令等については、原則として、休業手当の支給が必要になります。

これを受けて、経済上の理由により事業活動の縮小を余儀なくされた事業主が、従業員に対して一時的に休業、教育訓練または出向を行い、労働者の雇用の維持を図った場合に、休業手当、賃金の一部を助成するのが雇用調整助成金です。

➡ 雇用調整助成金については、本章第3節「応用編☆☆」7を参照

雇用調整助成金以外にも、新型コロナウイルスの影響に伴い企業や個人事業主向けに特例措置のある助成金・給付金があります。

➡ 各種助成金・給付金については、本章第3節「応用編☆☆」8を参照

新型インフルエンザ等対策特別措置法（特措法）の適用

特措法に基づく緊急事態宣言や要請・指示を受けて事業を休止する場合、「使用者の責に帰すべき事由による休業」として休業手当の支給は必要とされていますが、不可抗力による休業の場合は、休業手当の支払いの義務はないとされています。法律上は休業手当の支給が不要であっても、休業に対する手当を支払うことはより良いとされ、雇用調整助成金の対象となり得ます。

➡ 休業時の賃金・休業手当支払いの要否については、本章第3節「基礎編☆」1を参照

【書式1：社員発症時―社外公表例】

株式会社○○
代表取締役　○○○○

株式会社○○は、当社○○事業所（○○県○○市）で勤務している社員1名が新型コロナウイルスに感染していることを○月○日（○）に確認しました。

当該社員は営業職で、○月○日（○）に発熱があり、同日から休暇を取っております。○月○日（○）にPCR検査を受け、○月○日（○）に陽性が判明いたしました。

また、所管保健所に相談して社員やお客様を含む濃厚接触者の特定を行ったところ、社員1名が該当することがわかりました。弊社では感染拡大の防止、お客様、社員及び家族の安全確保を考慮し、事業所や社有車の消毒、濃厚接触社員への在宅勤務の指示や健康状態の継続的観察などを実施しております。

＊本日現在、感染者以外に体調不良者は発生しておりません。

＊保健所に相談の上、濃厚接触者にあたるお客様はいないことを確認しております。

当社は、今後とも感染拡大防止に向け、迅速に対応措置を実施してまいりますので、何卒ご理解を賜りますようにお願い申し上げます。

〈○月○日（○）追加情報〉

当該社員につきましては、再度のPCR検査の結果○月○日（○）に陰性と判明し退院、現在は自宅にて療養しております。また、濃厚接触のあった社員につきましてもPCR検査の結果陰性と判明しております。

【書式2：社員発症時―社内発表例】

社員各位

当社における新型コロナウイルス感染者の発生について

○○年○○月○○日
○○株式会社
代表取締役　○○○○

○月○日、本社の○部○課にて勤務している社員1名が、新型コロナウイルスへのPCR検査の結果、陽性であることが確認されました。

当該社員の勤務していた職場については、PCR検査受診の報告を受けた◯月◯日時点で消毒作業を実施済みです。なお、当該感染者は、◯月◯日を最後に職場には出社しておらず、すでに2週間以上が経過しているため職場における濃厚接触者はおりませんが、特に感染者との接触が多かった◯名については◯月◯日から◯月◯日までの自宅待機を命じております。

すでに社内の濃厚接触者と思われる社員については聞き取りを終え、自宅待機や在宅勤務を進めておりますが、◯月◯日から◯月◯日まで、当該社員と打ち合わせや会話などにより接触が多かったと思われる方は、当社総務部までお問い合わせ下さい。

今後も、感染防止に対する取組みと健康状態の確認をより一層進めますので、社員の皆様もご協力をお願い致します。

以　上

【書式3：社員発症時の対応―就業禁止の規定例】

（病者等の就業禁止）
第◯条
会社は、次の各項のいずれかに該当する社員については、その就業を禁止する。
① 病毒伝ぱの恐れのある伝染症の疾病にかかった者（新型インフルエンザ、新型コロナウイルス、及びその疑いのある者を含む）
② 心臓、腎臓、肺等の疾病で労働のため、病勢が著しく増悪する恐れのある疾病にかかった者
③ 前各項に準ずる疾病で、厚生労働大臣が定める疾病にかかった者
④ 前各項の他、感染症法等の法令に定める疾病にかかった者
一 前各項の規定にかかわらず、会社は、当該社員の心身の状況が業務に適しないと判断した場合、または当該社員に対して、医師、及び国等の公の機関から、外出禁止、あるいは外出自粛等の要請があった場合は、その就業を禁止することがある。
二 前二項の他、第1項の感染拡大防止のため、国、及び地方自治体から会社に対して休業要請がなされた場合は、社員に対し、その就業を禁止することがある。
三 前各項の就業禁止の間は、無給とする。

【書式４：社員発症時の対応―個人情報の第三者提供に関する同意書】

◯◯株式会社
代表取締役 ◯◯◯◯様

個人情報の第三者提供に関する同意書

私は、貴社が取得した私に関する情報を第三者に提供することについて、下記のとおり同意します。

記

1　情報を提供する第三者
・当社社員のうち、別紙「新型コロナウイルス感染者に関する報告書」に記載された接触者
・◯◯株式会社の担当部署及び関係者
・当社産業医、保健所等
2　提供する個人情報
・氏名、所属部署
・別紙「新型コロナウイルス感染者に関する報告書」記載の事項
・症状及び治療状況
3　第三者における利用目的
新型コロナウイルス感染経路の確認及び感染拡大防止を図るため

令和　　年　　月　　日
氏　　名:　　　　　　　　　　㊞

以　上

2　体調不良社員への対応

Summary（要約）

1　体調不良社員への自宅待機命令は可能である。

2　自宅待機命令期間中の休業手当の支払いは場合によっては必要である。

3　社員が濃厚接触者である場合、休業手当の支払いは勤務状況により必要である。

新型コロナウイルスに感染の疑いがある社員に対する自宅待機命令の可否

新型コロナウイルス感染が報告されて以降、半年以上が経過し、すでに社内で実施していることと思いますが、社員に日々の検温結果などの健康状態を申告するよう求める必要が生じています。これは、新型コロナウイルス感染拡大防止の観点や、社員の生命や身体の安全、事業継続のための必要に基づく相当なこととして、業務命令として行えるものと考えられます。

新型コロナウイルスの初期症状は、熱や咳など風邪と区別がつかず、厚生労働省はそれらの症状がある場合は本人のためにも感染拡大防止のためにも会社を休むことを推奨しています（⇨厚生労働省「新型コロナウイルスに関するQ&A（以下「新型コロナ厚労省QA」といいます）（企業の方向け）」参照）。また、休ませる場合の具体的な基準は、厚生労働省HP「新型コロナウイルス感染症について」に示されています。

現時点で、新型コロナウイルスに確実に効くと思われる治療薬は確認されておらず、予防接種のためのワクチンもないため多くの人が抗体も有していないと思われます。このため、風邪のような症状が出ている社員が、万一新型コロナウイルスに感染していながら通常どおり勤務していると、社内での感染拡大を招く恐れを否定できません。

したがって、現状では、自宅待機は必要かつ相当な指示として自宅待機を命じることができるものと考えられます。

そして、当該社員が年次有給休暇の取得を希望した場合は、それに応じても差し支えありません。

自宅待機命令期間中の休業手当の支払いは必要か？

新型コロナウイルス感染かどうかわからない時点で、発熱などの症状があるため社員が自主的に休む場合は、通常の病欠と同様に扱うことになり、休業手当は支給されません。この場合は、会社で任意に設けられる有給の病気休暇制度があればこれを活用することなどが考えられます。

反対に、発熱などの症状があることのみをもって一律に社員を休ませる場合は、一般的には「使用者の責に帰すべき事由による休業」に当てはまり、休業手当を支払う必要がある、とされています（新型コロナ厚労省QA（企業の方向け）」参照）。ただし、新型コロナウイルスへの感染が疑われる段階で、その社員を通常どおり勤務させることは感染拡大のリスクがあるために、社会通念上、労務提供は不能と解さざるを得ませんので、当該社員を自宅待機させることは、「使用者の責に帰すべき事由による休業」には該当せず、休業手当の支払いは不要と解される場合もあります。新型コロナウイルスに近い何らかの症状が出ていながらも通常どおり勤務できる状態であるかを、誰が、どのように判断するかという問題もあることから、実務上、休業手当の支払いの要否の線引きは難しいものと考えます。

社員が濃厚接触者である場合の対応

社員が濃厚接触者である場合は、いまだ具体的な症状がなくとも、感染拡大防止のために、社内やその他の人との接触を避けなければなりません。会社は、当該社員に対し、感染者と最後に接触した日から起算して、最低でも14日間（新型コロナウイルスの潜伏期間を踏まえ、WHOにより健康状態の観察が推奨されている期間）は出社を控えさせる必要があります。在宅勤務が可能な職種はそれをさせ、不可能な場合は自宅待機をさせます。賃金については、在宅勤務時は通常どおり支払い、自宅待機の場合は休業手当の支払いが必要な場合があると考えられます。

自宅待機の原因である濃厚接触者になったこと、感染拡大防止のため、健康状態を一定期間観察すべきことは、会社外部の要因に起因し、会社には避けようのないことです。そして、在宅勤務が不可能な職種については、会社としても自宅待機により就労できない状況を回避する努力の尽くしようがないものですから、不可抗力による休業として休業手当の支給は不要と考えられます。

他方で、在宅勤務が可能な職種でありながら、会社があえてそれを認めず、自宅待機命令を命じる場合は、会社が就労できない状態を回避するための努力を最大限尽くしたとはいえず、「使用者の責に帰すべき事由による休業」に当たり、休業手当の支給が必要と考えられます。

「New Normal」でも押さえておきたい基礎知識

就業規則の整備を忘れずに

新型コロナウイルスの影響により、在宅勤務やテレワークなど今までにない働き方が増えています。これまでは緊急かつ臨時的な措置として対応した会社が多いと思いますが、就業場所は社員にとってとても重要なことですから、在宅勤務等の場合の就業規則の整備は必要です。また、通勤手当など各種手当など賃金規程の見直しも必要です。今後の働き方を見据え、各種規程の整備も行いましょう（⇨本章第8節「就業規則など未整備の対応」以下を参照）。

応用編 ☆☆

3　社員同居家族発症時の対応

Summary（要約）

1　社員の同居家族に感染者もしくは感染の疑いがある場合には、報告させる。
2　同居家族が感染した場合濃厚接触者となり得るので、自宅待機となる。

社員の報告義務

社員の同居家族に感染者が出た場合もしくは感染の疑いが判明した場合、社員本人も感染や濃厚接触者となる可能性が高まります。まずは、会社と保健所への報告をさせるべきです。

これは、新型コロナウイルス感染拡大防止の観点や、当該社員のほか他の社員の生命や身体の安全、事業継続のための必要に基づく相当なこととして業務命令として行えるものと考えられます。

上記と同様の理由として、家庭内で次の注意事項を参考に感染拡大防止に協力してもらいましょう。

① 感染者と他の同居者の部屋を可能な限り分ける
② 感染者の世話をする人は、できるだけ限られた方（一人が望ましい）にする
③ できるだけ全員がマスクを使用する
④ 小まめにうがい・手洗いをする
⑤ 日中はできるだけ換気をする
⑥ 把手、ノブなどの共用する部分を消毒する
⑦ 汚れたリネン、衣服を洗濯する
⑧ ゴミは密閉して捨てる

（⇨厚生労働省HP「新型コロナウイルスの感染が疑われる人がいる場合の家庭内での注意事項（日本環境感染学会とりまとめ）」https://www.mhlw.go.jp/stf/seisakunitsuite/newpage_00009.html）

同居家族が感染した場合、体調不良社員に準じて対応

社員の同居の家族に感染者が出た場合には、その社員の健康状態に問題がないときであっても、濃厚接触者として、保健所から一定期間、自宅待機をするよう要請を受けることになります。この保健所の要請に基づく自宅待機中に在宅勤務で仕事をさせることが可能な場合で、実際に業務をさせたときには、その間の賃金は発生します。

一方で、会社が可能な限りの努力をしても在宅では業務をさせることができずに休業させざるを得ない場合、その間、社員は会社の責任と判断で業務ができなくなったわけではありません。よって、「使用者の責に帰すべき事由による休業」には該当せず、休業手当の支払いは必要ないものと考えられます。

➡ 体調不良社員への対応については、本章第1節「基礎編☆」②を参照

「New Normal」でも押さえておきたい基礎知識

体調不良社員、濃厚接触者の健康状態の把握

上記該当社員は、既述のとおり感染拡大防止のため、在宅勤務や自宅待機命令の対象となります。会社は、その後の処遇を検討する上でも、当該社員に趣旨、目的を説明した上で、日々の検温結果や体調について報告をさせるようにします。もっとも、社内で新型コロナウイルス感染者が出た場合、保健所によっては、会社に日々の検温結果を取りまとめて保健所への報告を求めることとされているようですので、保健所の指導、要請を踏まえた対応が必要になります。

また、当該社員に新型コロナウイルスの具体的な症状が出て、帰国者・接触者相談センターへ相談すべき事態となれば、会社は同センターへ相談するよう勧めるとともに、この時点をもって、在宅勤務をしていた場合はそれを中止し、自宅待機に切り替え新型コロナウイルス感染が疑われる者として扱います（⇨次ページ「新型コロナウイルス感染が疑われる場合の検査フロー」参照）。

他方で、14日間が経過しても特段の症状がなく、感染が確認されなければ、在宅勤務または自宅待機を解き、職場での勤務を再開させてもいいでしょう。

新型コロナウイルス感染が疑われる場合の検査フロー

帰国者・接触者相談センターやかかりつけ医、地域の相談窓口等にあらかじめ電話で相談してください。その結果、感染が疑われると判断された場合には、帰国者・接触者外来等を紹介されますので、そこでコロナウイルスの検査を受けることになります。

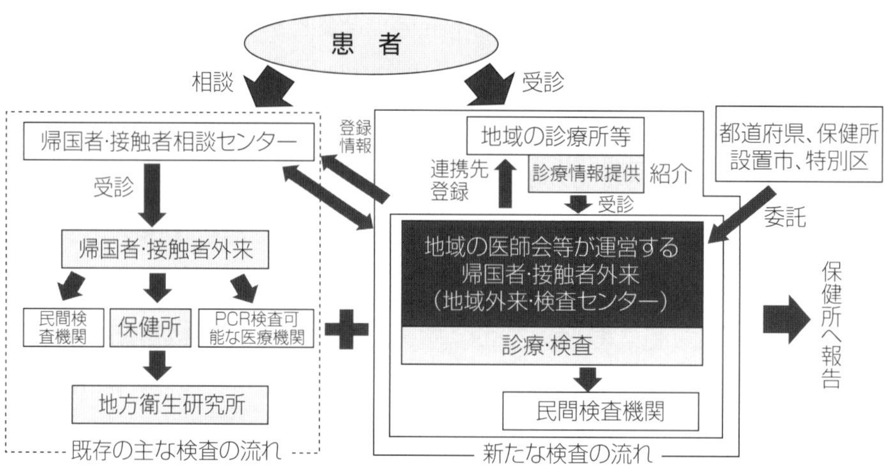

（出所：厚生労働省「新型コロナウイルスに関するQ&A（一般の方向け）」症状がある場合の相談や新型コロナウイルス感染症に対する医療について—問 3）

なお、帰国者・接触者相談センターはすべての都道府県に設置され、24時間対応していますので、詳しくは、下記をご覧ください。

【帰国者・接触者相談センター HP】

https://www.mhlw.go.jp/stf/seisakunitsuite/bunya/kenkou_iryou/covid19-kikokusyasessyokusya.html

「New Normal」でも押さえておきたい基礎知識

感染者、感染の疑いのある自宅待機社員の復職の判断

1．感染者の職場復帰について

感染症法による新型コロナウイルス感染で入院した者の退院の取扱いについては、発熱等の症状軽快から24時間後にPCR検査（１回目）を受けて陰性が確認され、１回目の検体採取から24時間後にさらにPCR検査（２回目）を行い、２回連続で陰性になった場合は退院できるとの基準が設けられています（令和２年４月２日付健感発0402第１号）。労働契約上、職場復帰させるかどうかは、社員がこの基準に従い、退院したことを前提に、その者の退院時点での健康状態に照らし、同人が担当する業務を支障なく行えるかどうかを、主治医の見解も踏まえつつ判断することです。

ただし、厚生労働省によると、まれにですが、退院後、再度新型コロナウイルスが陽性となる例が数例確認されており、このため退院後４週間は健康状態を引き続き観察し、咳や発熱等の症状があれば、帰国者・接触者相談センターに連絡し、指示に従い、必要に応じて医療機関を受診するようにとされています（⇨新型コロナ厚労省QA（一般の方向け）参照）。また、日本産業衛生学会等の作成による「新型コロナウイルス情報 企業と個人に求められる対策（作成日2020年４月20日）」（「職域のための新型コロナウイルス感染症対策ガイド（第３版）」に2020年５月11日統合）では、退院時には他人への感染性は低いが、まれにPCR検査陽性が持続する場合があるので、「退院後２週間程度は外出を控えることが望ましいので、この期間は在宅勤務もしくは自宅待機を行うこと。」とされています。

したがって、上記を踏まえると、退院後に社員を職場復帰させるとしても、退院後２週間は在宅勤務をさせるべきで、それができない場合は自宅待機をさせるのが妥当と考えられます（なお、2020年８月11日作成の上記対策ガイドでは、経過観察期間がやや緩和されています）。

2．感染の疑いがあった者の職場復帰について

感染の疑いがあったもののPCR検査が不要と判断された者、または検査の結果、陰性であった者等、新型コロナウイルス感染症との診断に至らなかった者については、発熱やその他、就労の妨げになる症状が消失し、治癒したかどうかをもって通常どおり労務提供が可能かを判断します。その具体的基準として、上記「新型コロナウイルス情報 企業と個人に求められる対策（作成日2020年４月20日）」（同上）は、自然経過により解熱・症状が軽快した場合について、ヨーロッパCDCの隔離解雇基準を参考に職場復帰の目安を以下のとおりにまとめています。

次の1）及び2）の両方の条件を満たすこと。

1）発症後に少なくても８日が経過している

2）薬剤*を服用していない状態で、

解熱後及び症状**消失後に少なくても3日が経過している

*解熱剤を含む症状を緩和させる薬剤

**咳・咽頭痛・息切れ・全身倦怠感・下痢など

傷病に罹患し、休業または休職した社員の復帰の可否を判断するには、その者の現在の健康状態を踏まえ、就労可否についての見解を述べる主治医の診断書の提出を求めるのが一般的であり、発熱等の症状の故に新型コロナウイルス感染が疑われ、自宅待機となった者についても、主治医の診断書を確認した上で、上記基準に照らして復帰の可否を判断したいところです。

3．濃厚接触者の職場復帰について

濃厚接触者については、感染者との最終接触日の翌日から14日間の自宅待機（または在宅勤務）中に健康状態の観察が必要であり、その間で具体的症状が出れば、保健所の指導を受けつつ、PCR検査を受けるほか、然るべき治療行為が行われることになりますから、この場合の復帰の可否の判断のあり方は、感染者の場合は上記1．と、感染の疑いはあったが新型コロナウイルス感染症と判断されなかった場合は上記2．と同様に考えられます。

他方で、14日間の自宅待機（または在宅勤務）を経ても、具体的症状が出ることなく、通常どおり労務提供できる健康状態であれば、自宅待機を解き、職場へ復帰させることになります。

ただし、感染予防の観点から、すでに在宅勤務をしていた場合はそれを継続させることは可能ですし、自宅待機をさせていた者に在宅勤務を命じることも可能です。

4 社員寮・社宅居住者発症時の対応

Summary（要約）

1 新型コロナウイルス感染者への対応方法を定める。
2 社員寮での感染者は、可能な限り隔離する。
3 3密を避けた新しい生活様式へ移行する。

感染拡大防止対策が必要

一般的に貸し出す部屋が単身者向けの場合を寮、家族が一緒に住める場合を社宅と呼ぶケースが多いようです。現在では、寮でも個室が増えてきていますが、数人で生活する場合のほか、風呂、トイレ、食堂などが共用になっていることもあり、集団感染のリスクが非常に高い環境にあります。

一方、社宅は各家庭の独立性が保たれています。ただし、戸建て住宅は別として、集合住宅のような形態では階段やエレベーター、ホールといった共有スペースがあります。居住する社員に感染者が出た場合、会社は、寮や社宅の管理人とも連絡を取り、感染拡大防止対策をする必要があります。

具体的には、居住する当該社員及びその家族が感染した場合の対応として、会社への報告や濃厚接触者などの社内調査を実施し、社内外に対する公表も検討しなければなりません。

➡ 社員及び同居家族発症時の対応については、本章第1節「基礎編☆」①、同「応用編☆☆」③参照

社員寮における感染者対策

感染社員のプライバシーの保護に留意しつつ、下記の対策をとることで感染拡大を防止します（以下、東京商工会議所HPより）。

① 感染者が自宅療養を行う場合は、職場上司、寮の管理人が状況を把握できるよう連絡手順を定めておく。

② 自宅療養する者は、必ず個室に移す。できる限り自室から出ないで済むよう、トイ

レ、シャワーが付いている個室がある場合は部屋を移すことも検討する。

③　食事は自室で摂るようにし、使い捨て容器の弁当を、自室前などに置き配するなど、食事提供、下膳時の対面を避ける。置き配が難しく、食事を手渡しする場合は、マスクを着用し、会話を最小限に、時間を短くする。

④　やむを得ず個室を出る場合は、手洗いをしてから、マスクを着用する。

⑤　共用風呂の利用が避けられない場合は、利用時間の最後に使用する。利用後は、触れたドアノブの消毒を行う。

⑥　共用トイレの利用が避けられない場合は、フタが付いている場合は、フタをしてから流すようにする。利用後は、触れたドアノブ、トイレットペーパーホルダーの消毒を行う。

⑦　汚物が付着していない衣類の洗濯方法は通常どおりで良いが、共用洗濯機を使用後は、ボタンの拭き取り消毒を行う。

※汚物が付着している場合は、80℃以上の熱湯に10分以上つける、または0.1％次亜塩素酸で消毒する必要がある。

⑧　鼻水や唾液のついたティッシュなどのゴミはビニール袋に入れ、室外に出すときはしっかり口を結ぶなど密閉して捨てる。

社員寮での新しい生活様式

社員寮での共同生活は集団感染リスクが高いため、原則自室での生活とし、共用場所（食堂、風呂、トイレなど）では下記の対策を行い、集団感染を防止します。

①　原則自室内で生活を行い、談話室や個室に複数名が集合することは避ける。

②　複数名が一つの部屋で生活せざるを得ない場合は、パーテーションなどで個人のスペースを区切り、30分ごとに窓を開けて換気に努める。

③　食堂で食事提供を行う場合は、以下を守る。

・食事は個人ごとに摂り、座席は２ｍ以上の距離を確保する。

・食堂利用前の手洗いを徹底し、可能であれば入り口付近に手指消毒液を設置する。

・食事以外の時間はマスクを着用する。

・食事中の会話は極力控え、食事終了後は速やかに退室する。

・テーブルにダスター等を設置し、食後に各自でテーブル清拭を励行する。

④　共用風呂を利用する場合は、以下を守る。

・脱衣場では２m以上の対人距離を確保する。
・入浴中も可能な範囲で対人距離を確保する。
・着替え、入浴中は会話を控える。
・入浴後は、速やかに退出する。

⑤　共用トイレを利用する場合は、以下を守る。
・フタがある場合はフタを閉めて汚物を流すよう表示する。
・使用後は必ず手洗いを行う。
・ハンドドライヤーを設置している場合は、利用を停止する。

⑥　エレベーター、電気のスイッチ、自動販売機のボタン、ドアノブ、トイレットペーパーホルダーなどの接触頻度の高い場所は、定期的に拭き取り消毒を行う。

「New Normal」でも押さえておきたい基礎知識

社員寮、社宅についての規定の作成・見直しをしよう!

「寄宿舎」については、労働基準法第94条から第96条及び第106条第２項で厳しく規定されていますが、「社員寮・社宅」については会社の福利厚生の一環として提供されるものであることから、法律の規定がありません。

しかし、居住者の自由の保障、寮生活の秩序、建物の設備、安全衛生など寄宿舎の管理、運営に準じて、適正に行われるよう会社規定の整備をしましょう。

発展編☆☆☆

5 社員の感染と労災認定、会社の法的責任発生

Summary（要約）

1 社員感染 ＞ 労災認定 ＞ 会社の法的責任発生

2 労災は、労働基準監督署が認定する。業務に起因して発症したことが主な要件。認定された場合、労災保険から社員に対して、治療費や休業補償（給与の一部）が支払われる。

3 会社の法的責任は、労働基準監督署ではなく、裁判所が判断する。業務と感染の因果関係が認められ、かつ、会社が感染を防止するための適切な措置を講じていなかった場合に発生する（安全配慮義務違反）。会社は社員に対して、労災保険ではカバーされていない損害（慰謝料など）を支払わなければならない。

社員の感染、発生した損害を支払うのは誰か？

社員が新型コロナウイルスに感染したことが判明した場合、何らかの入通院は必要になりますし、勤務することもできません。たとえ無症状であっても同じです。

➡ 社員感染時の対応については、本章第1節「基礎編☆」①を参照

そのため、場合によっては、入通院や休業に伴う損害発生の可能性があります。

その損害を支払うのは誰か？　まず、社員の自己負担となる場合もありますが、そうでない場合には、①傷病手当金、②労災給付、③会社負担、の３つのパターンがあります。傷病手当金の場合、会社とは関係がないため、ここでは労災給付（労災認定される場合）、会社負担となる場合（会社の法的責任が発生する場合）について説明します。

労災の認定基準は?

労災は、労働基準監督署が認定します。社員が新型コロナウイルスに感染した場合における労災認定の主な要件は、「ウイルス等の病原体にさらされる業務に起因することの明らかな疾病」です。総じていえば、通常より「緩い」基準で労災認定されると予想されます（以下「コロナ労災基準」といいます）。

コロナ労災基準は、次のように場合分けしています。

① **医師、看護師、介護従事者等**が新型コロナウイルスに感染した場合

⇨**原則として、労災に認定**する

② 医療従事者等以外の労働者であって**感染経路が特定された場合**

⇨**労災認定**する

③ 医療従事者等以外の労働者であって上記②以外の場合

⇨「感染リスクが相対的に高いと考えられる」労働環境下での業務（(i)複数（当該社員を含みます）の感染者が確認された労働環境下での業務、(ii)顧客等との近接や接触の機会が多い労働環境下での業務）に従事していた労働者が感染したときには、業務により感染した蓋然性が高いことを前提として判断する

（⇨ 詳細については、巻末**資料1**「厚生労働省の通達『新型コロナウイルス感染症の労災補償における取扱いについて』（令和２年４月28日基補発0428第1号）」を参照）

そして、労災認定された場合、労災保険から社員に対して、次ページ図のとおり、治療費や休業補償（給与の一部）が支払われます。

会社の法的責任が認められる場合は?
安全配慮義務とは?

労災認定された場合の給付については、労災保険から支払われますので、会社の負担にはなりません。しかし、場合によっては、会社が法的責任を負う、つまり、社員に発生した損害を賠償する責任を負うことがあります。

会社の法的責任は、労働基準監督署ではなく、裁判所が判断します。業務と感染の因果関係が認められ、かつ、**会社が新型コロナウイルス感染を回避するための適切な措置を講**

〈労災保険給付の概要〉

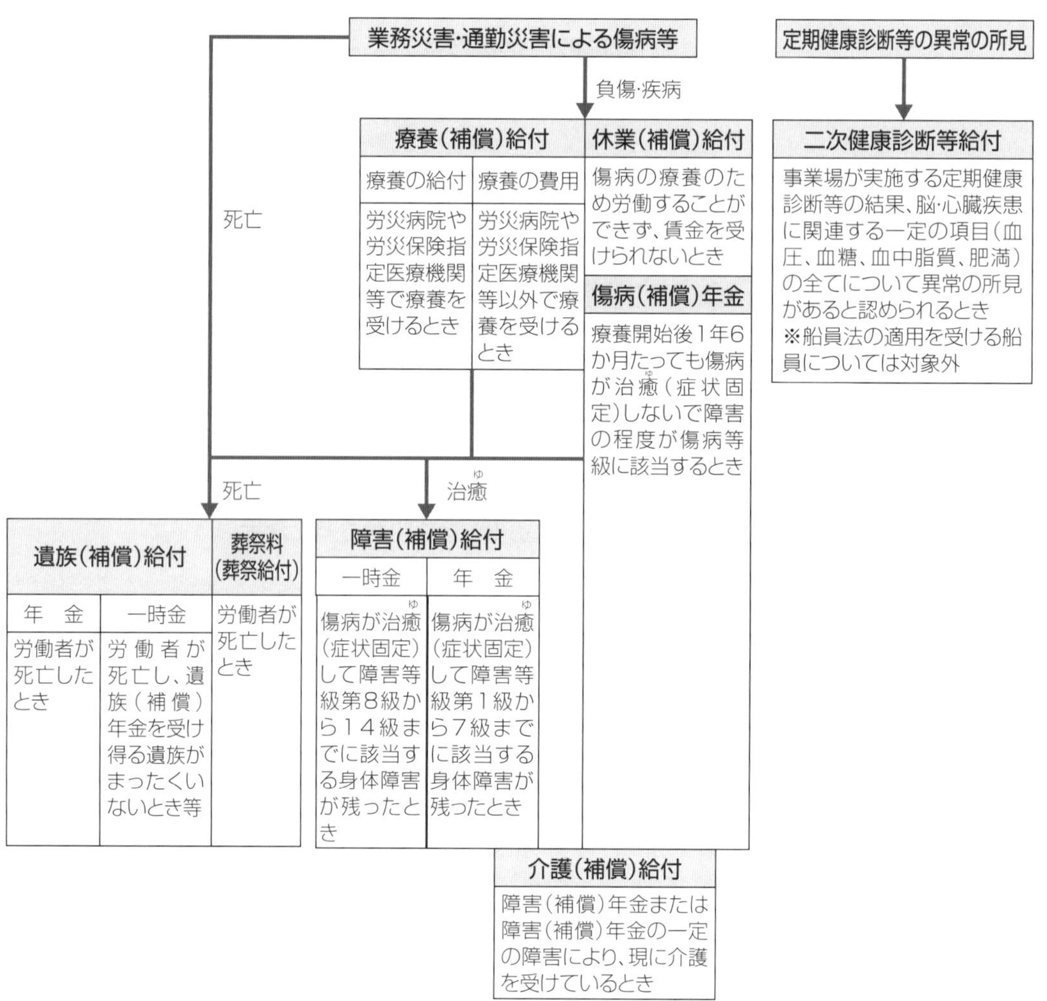

（出所：厚生労働省パンフレット「労災保険給付の概要」より）

じていなかった場合に発生します。キーワードは、会社が雇用する社員に対して負っている「安全配慮義務」です（労契法5）。つまり、会社は、社員が新型コロナウイルス感染を防止するための適切な措置を講じる必要があり、それを怠ったことによって社員が感染した場合に、法的責任を負うことになります。この場合、会社は、社員に対して労災保険ではカバーされていない損害（慰謝料など。ただし、労災給付を受けていないときには、発生した損害全額）を支払わなければいけません。

➡ オフィスにおける感染防止策については、本章第4節「基礎編☆」1を参照

最重要ポイント

**会社は、社員の勤務環境について、
新型コロナウイルス感染を防止するための適切な措置を
講じない場合、損害賠償義務を負う可能性がある。**

第2節

勤務形態の変更に伴う社員対応

基礎編 ☆

1 出社拒否（テレワーク要求）社員対応

Summary（要約）

1　雇用契約上、オフィスが就業場所である場合、会社は、社員に対してテレワークをさせる義務を負わない。

2　時差出勤（始業時刻・終業時刻の変更）の要否も、雇用契約の内容次第である。

3　もっとも、通勤やオフィスでの就業にあたり、新型コロナウイルス感染の具体的なリスクがある場合には、テレワーク・時差出勤を認めたほうが良い。

雇用契約上、テレワーク要求に応じる必要はあるか？

法律上、就業場所は、雇用契約によって決まります。

そして、雇用契約における就業場所は、雇用契約書に記載されていることもあるでしょうし、労働条件通知書に記載されていることもあるでしょう。

仮に、雇用契約書や労働条件通知書に就業場所の記載がない場合であっても、これまでの日本の会社では、一般的なオフィスワーカーについては、多くの場合、会社のオフィスに自分のデスクがあり、会議や外出する以外、自分のデスクで仕事をすることになっていました。その場合、雇用契約における就業場所は、雇用契約書や労働条件通知書に記載がなくとも、オフィスと解されるはずです。

そして、オフィスが就業場所になる場合、会社は、新型コロナウイルスの感染予防の必要性が認められるときであっても、雇用契約上は、社員にテレワークさせる義務を負わないと考えられます。

法律上、時差出勤させる必要はあるか?

時差出勤も同様です。つまり、雇用契約書において始業及び終業の時刻が定められていることもあるでしょうし、労働条件通知書と就業規則の記載事項の内容に始業及び終業の時刻があります。これらのなかで、始業及び終業の時刻の変更を社員が求める権利が認められていれば別ですが、そうでなければ、会社は、新型コロナウイルスの感染予防の必要性が認められる時期であっても、雇用契約上、社員を時差出勤させる義務を負いません。

会社は、社員に対する安全配慮義務を負っている

ただし、会社は社員に対して、安全配慮義務を負っています。

つまり、新型コロナウイルスの感染拡大の深刻度が増して、例えば、一定程度混雑する公共交通機関がクラスターになり得ることがわかった状態において、会社において、ある社員について、その交通機関を利用して定時に出退勤させることによって新型コロナウイルス罹患のリスクが具体的に明らかになっているのに、何の措置も講じずに、従来どおりに出退勤することを命じることは、安全配慮義務違反になるでしょう。

➡ 安全配慮義務については、本章第1節「発展編☆☆☆」5を参照

「New Normal」でも押さえておきたい基礎知識

労働条件通知書とは?

法律上、会社は社員に対して、入社前に「賃金、労働時間その他の労働条件」を明示する義務、そのうち一定の事項を明示する際に書面を交付する義務を負っており、その書面の通称です（書面交付のほか、希望に応じてFAXやメール等での送信も可能）。就業場所もその労働条件通知書の法定の記載事項です。

緊急事態宣言が出された場合は?
法律に基づく「外出禁止令」が出された場合は?

いわゆる「新型コロナウイルス対策の特別措置法」に基づく「緊急事態宣言」が出された場合は、さらに別途の考慮が必要です。つまり、「緊急事態宣言」の対象区域について、知事から、同法に基づいて住民の外出制限や施設の使用停止等の要請が出された場合であって、会社の施設や社員の住居がそれら「要請」の対象となるときであれば、たとえ「義務」ではないとしても、法律に基づくものである以上、会社としても尊重することが求められます。

このとき、会社は、社員に対して、リモートワークを認める義務までは負わないとしても、従来どおりのオフィスへの出退勤を命じることは困難でしょう。

また、現在の法律では「外出禁止令」(“ロックダウン”と通称されることもあります)が出されることはありませんが、今後、改正された法律に基づいて「外出禁止令」が出された場合であって、「外出禁止令」の除外対象とならない業務であるときは、雇用契約の解釈にかかわらず、従来どおりのオフィスへの出退勤を命じることはできません。

法律論とは別途、
社員に寄り添う努力・経営判断を求められる場合がある

当然のことですが、会社は、社員という「人」によって成り立つ組織です。構成員である社員が安心して労働する、納得して労働する状況でなければ、組織の能力が十分に発揮されることはありません。

そのため、法律論とは別途、テレワークを要求する社員に寄り添うべく、時差通勤を認める、担当変更を認める、ワークシェアリングにより出勤日数を限定するといった代替措置を講じたり、代替手段が困難な場合においても説明を尽くす等の努力をすべきです。状況によっては、休業を認め、かつ、休業手当相当額を支払うといった経営判断を求められる場合があるでしょう。

➡ 担当変更、ワークシェアリングによる社員ニーズ対応については、本章第2節「応用編☆☆」3を参照

2　テレワーク拒否（出社要求）社員対応

Summary（要約）

1　雇用契約上、オフィスが就業場所である場合、会社は、出社を要求する社員に対して、一方的にテレワークを命じることはできない。

2　ただし、①通勤やオフィスでの就業にあたり、新型コロナウイルス感染の具体的なリスクがある場合、②政府による「緊急事態宣言」や休業要請・テレワーク要請に従ってテレワークを行う場合には、会社は、就業規則の変更など所要の手続きを取った上で、テレワークを命じることができる。

雇用契約上、テレワークを命じることはできるか?

法律上、就業場所は、雇用契約によって決まります。

そして、雇用契約における就業場所は、雇用契約書に記載されていることもあるでしょうし、労働条件通知書に記載されていることもあるでしょう。

➡ 労働条件通知書については、本章第2節「基礎編☆」1を参照

仮に、雇用契約書や労働条件通知書に就業場所の記載がない場合であっても、これまでの日本の会社では、一般的なオフィスワーカーについては、多くの場合、会社のオフィスに自分のデスクがあり、会議や外出する以外、自分のデスクで仕事をすることになっていました。その場合、雇用契約における就業場所は、雇用契約書や労働条件通知書に記載がなくとも、オフィスと解されるはずです。

そして、オフィスが就業場所になる場合、会社は、雇用契約上、出社を要求する社員に対して、一方的にテレワークを命じることはできません。

それでも、テレワークを命じることができる場合がある

会社は、社員に対して安全配慮義務を負っています。そのため、通勤やオフィスでの就業にあたり、新型コロナウイルス感染の具体的なリスクがある場合には、時差通勤を認め

るといった措置のほか、出勤日の全部・一部について、テレワークを命じることができると解すべきです。

➡ 安全配慮義務については、本章第1節「発展編☆☆☆」5を参照

また、政府による「緊急事態宣言」や休業要請・テレワーク要請に従って、社員に対してテレワークを命じることも、当然、正当化されるべきです。

テレワーク実施にあたり、必要になる規定

テレワークにおいては、労働条件に関する様々な点について、オフィスにおける就業と異なる事項があり、これらに関する規定が必要になります。つまり、①オフィス以外での就業に関する規定のほか、②労働時間・休憩時間の管理方法や時間外労働、休日・休暇について、オフィスとは異なる場合にはそれらに関する規定、③テレワークにより新たに発生する経費がある場合、その負担の分担や会社に請求する場合の手続きに関する規定、④テレワークゆえに業務遂行に関する「報連相」の必要性が増大することから、それらの手段や頻度を指定する規定、⑤業務遂行にあたり必要となる情報を会社外に持ち出すことになることから、その管理を適正なものとするための規定などが想定されます。

具体的な内容については、厚生労働省のWebページの活用をお勧めします。

（⇨テレワーク導入の手続きについて、厚生労働省「テレワーク総合ポータルサイト」（https://telework.mhlw.go.jp/info/doc/）、このうちモデル「テレワーク就業規則」（在宅勤務規程）について、巻末**資料2**を参照）

これらについて、就業規則に必要事項に関する規定を加える、就業規則とは別に「テレワーク勤務規程」を作成する、いずれの対応でも良いですが、わかりやすさの観点からいえば「テレワーク勤務規程」を作成するべきでしょう。「テレワーク勤務規程」も法律上は就業規則と位置付けられますから、法律が定める就業規則の作成手続きを取る必要があります。

➡ 詳細については、本章第8節「基礎編☆」12を参照

また、理屈としては、就業規則の変更に当たるため、不利益な変更となる場合には無条件で法律上の効力が認められるわけではありませんが（労契法9、10）、少なくとも、新型

コロナウイルスの感染防止の観点から、限定的な場合にテレワークを認め、かつ、テレワークにより新たに発生する経費を会社が負担するのであれば、法律上の効力が否定されることはないと考えられます。

最重要ポイント

会社は、新型コロナウイルス感染拡大等の状況に応じて、テレワーク勤務を命じることができる。あらかじめ就業規則等において、テレワーク勤務に関する規定を作成しておくべきである。

応用編 ☆☆

3 出社拒否社員対応と担当変更、ワークシェアリングによるテレワークの実現

Summary（要約）

1　出社拒否社員について、原則、無給とした上で、懲戒処分や解雇を検討すべきであるが、その社員が出社による新型コロナウイルスへの感染リスクを理由に出社を拒否している場合には、そのときの感染拡大状況や通勤や職場の環境を踏まえた上で、本人の言い分を慎重に検討すべきである。

2　担当変更、ワークシェアリングとも、コロナ禍におけるテレワーク実現のため、必要がある場合には、一時的であれば、一部例外を除き、社員の同意なく人事発令（配転命令）、業務命令により実施することが可能である。

出社拒否社員について、原則、無給で良い

社員は、雇用契約で定められている労働時間及び就業場所において就業する義務を負います。つまり、出社拒否は、雇用契約上の義務違反です。

会社は、雇用契約に基づいて就業する社員に対して、給与を支払う義務を負いますが、出社拒否社員に対して、給与を支払う必要はありません（ノーワーク・ノーペイの原則。ただし、欠勤時も給与を支払う・給与を控除しない旨が雇用契約で定められている場合を除きます）。

合理的理由なき出社拒否について、懲戒処分や解雇を検討すべき

合理的理由のない出社拒否は、重大な非違行為です。非違行為に対して、会社は懲戒処分（企業秩序違反行為に対する制裁罰）を検討すべきです（日数によっては、懲戒解雇もあり得ます）。

また、合理的理由のない出社拒否は、雇用契約に基づいて働く意思がないわけですから、解雇（会社による一方的な雇用契約終了）もあり得ます。

もっとも、懲戒処分、解雇のいずれについても、法律上、効力が制限されています（懲

戒権濫用につき労契法15、解雇権濫用につき労契法16)。

新型コロナウイルスへの感染を危惧する合理的理由がある場合は?

出社拒否社員において、出社による新型コロナウイルスへの感染リスクを理由に出社を拒否している場合には、そのときの感染拡大状況や通勤や職場の環境を踏まえた上で、本人の言い分を慎重に検討すべきであり、懲戒処分も解雇も、慎重に検討すべきです。

例えば、病気による欠勤の場合には、懲戒処分も解雇もしないことと同様の理由です。つまり、やむを得ない事情があるときには、非違行為ではないですし、働く意思がないとまで評価することはできないからです。

そのため、出社拒否社員が主張している新型コロナウイルスへの感染を危惧する理由について、合理的かどうか、慎重に検討しなければいけません。

合理的理由かどうか、どのように判断すべきか?

新型コロナウイルスへの感染について、どのような状況において、どの程度のリスクがあるのか、明確にわかっているわけではありませんから、出社拒否社員の主張の合理性の有無について、正しい方法があるわけではありません。

結局、会社が出社を求める必要性の程度、会社と社員の自宅が所在する地域における感染状況、社会全体における出社自粛の状況、オフィス（勤務場所）における感染防止策などを総合的に考慮した上で判断することになりますから、状況によっては、かなり微妙な判断になります。そして、微妙な判断になる場合は、あとで法的な紛争になって、裁判所

「New Normal」でも押さえておきたい基礎知識

解雇権濫用とは?

労働契約法第16条は「解雇は、客観的に合理的な理由を欠き、社会通念上相当であると認められない場合は、その権利を濫用したものとして、無効とする。」と定めています。つまり、会社は社員に対する「解雇権」を有しているものの、それを「濫用した」場合には効力が認められません。しかも、裁判では、解雇が有効と判断されるためには、相当高いハードルをクリアする必要があります。

から効力がないと判断される可能性もありますから、懲戒処分はやめておいたほうが無難ですし、解雇についても、できるだけ控えたほうが良いでしょう。

➡ オフィス（勤務場所）における感染防止策については、本章第4節「基礎編☆」①を参照

社員の同意なく、担当変更、ワークシェアリングを命じることは可能か?

コロナ禍におけるテレワーク実現のため必要がある場合、一時的であれば、一部例外を除き、社員の同意なく、担当変更、ワークシェアリングを命じることが可能です。

つまり、人事発令（配転命令）により、テレワークできない業務からテレワークできる業務へ担当変更を命じることは可能です。ただし、職務が限定される社員など、配転命令の根拠（配転命令権）を欠く社員については、同意を得る必要があります。

また、テレワークできる業務を複数の社員でワークシェアリングするために、その業務の担当社員について、業務命令によって、就労日を減らし、減らした日を休業させることも可能です。ただし、休業させる日について、賃金・休業手当の支払いが必要になる場合があります。

➡ 休業時の賃金・休業手当支払いの要否については、本章第3節「基礎編☆」①を参照

「New Normal」でも押さえておきたい基礎知識

会社の配転命令権にも、限界はある!

会社は、配転命令権を有する場合でも、法律上、無制限に人事発令（配転命令）を行えるわけではありません。正当な組合活動を理由とする不利益取扱い、性別、国籍、社会的身分を理由とする差別的取扱い、配転命令権濫用は効力がありません。

配転命令権濫用になる場合は、①業務上の必要性がない場合、②不当な動機・目的によるものである場合、③労働者に通常甘受すべき程度を著しく超える不利益を負わせる場合があります。

4 採用内定者（入社延期・内定取消し）

Summary（要約）

1　会社と「採用内定者」との間には、雇用契約が成立している。

2　「採用内定者」の「入社延期」について、社員に対する「休業」に準じた取扱いが必要である。

3　「採用内定者」の「内定取消し」について、社員に対する「解雇」に準じた取扱いが必要である。

「採用内定者」の法的位置付け

「採用内定」とは、勤務開始前であるものの、会社として採用を決定している状態です。多くの会社では、「内定式」において、「採用内定者」に対して、「内定通知書」を交付します。

法的には、会社と「採用内定者」との間には、「始期付解約権留保付労働契約」が成立しています。「始期付」とは「入社日以降」、「解約権留保」とは、学校の卒業などの採用の条件が満たされない場合や、「内定通知書」記載の内定取消し事由が発生した場合などにおいて、会社がこの「始期付解約権留保付労働契約」を解約する権利を留保していることを意味しますが、いずれにせよ、雇用契約は成立しています。

なお、厚生労働省は「青少年の雇用機会の確保及び職場への定着に関して事業主、特定地方公共団体、職業紹介事業者等その他の関係者が適切に対処するための指針」（平成27年厚生労働省告示第406号）において、採用内定・労働契約締結にあたって遵守すべき事項等を示しています（同第二の一(二)）。

https://www.mhlw.go.jp/content/11600000/000498459.pdf

ちなみに、「内々定」については、雇用契約は成立しておらず、「内定」とは法的な位置付けが全く異なります。

「New Normal」でも押さえておきたい基礎知識

「内定」と「内々定」の違いとは?

前記のとおり、「内々定」では雇用契約は成立していませんが、「内定」とされることにより雇用契約は成立しています。両者の違いは何か？

理屈上、採用する会社と応募した者の両当事者の合理的意思により雇用契約成立（内定）が判断されることになりますが、実務的には、「内定式」において、「採用内定者」に対して、「内定通知書」を交付したとき、応募した者が「内定通知書」を受領したときに、「内定」（＝雇用契約成立）という取扱いになります。もう少しわかりやすくいえば、入社までの間に特段の手続きが必要なくなった時点（「内定通知書」の交付・受領の時点）において、「内定」（＝雇用契約成立）と捉えれば良いでしょう。

「採用内定者」に対する「入社延期」≒ 社員に対する「休業」

「採用内定者」は、「入社日」以降、社員と同じく、会社との間で、就労し、その対価として給料をもらう、という法的な関係を有します。そのため、「入社延期」する場合、法的には、社員に対する「休業」と同様の位置付けになります。そして、コロナ禍による場合には、賃金・休業手当支払いの要否が問題になります。

➡ 休業時の賃金・休業手当支払いの要否については、本章第3節「基礎編☆」1を参照

「採用内定者」に対する「内定取消し」≒ 社員に対する「解雇」

「採用内定者」については、会社との間で、「始期付解約権留保付労働契約」が成立しています。そのため、「内定取消し」は、法的には、社員に対する「解雇」と同様の位置付けになります。つまり、内定取消し事由があることを前提として、「解雇」と同様の法的な規制を受けます（⇨解雇権濫用法理、詳細については、本章第2節「応用編☆☆」3を参照）。そして、コロナ禍による場合には、整理解雇として有効であるかどうかが問題になります。

➡ 整理解雇・雇止めについては、第2章第2節「発展編☆☆☆」5を参照

「採用内定者」の取扱いに関する厚生労働省のQ&A

新型コロナウイルスに関して、新型コロナ厚労省QAでは、上記と同趣旨のことを述べた上で、内定取消しを検討する会社に対して、ハローワークに連絡することを求めています。また、厚生労働省が関係各団体に宛てた要請内容（令和２年３月13日付け）では、入社延期、内定取消しについて、次のとおり述べています。

・採用内定の取消しを防止するため、最大限の経営努力を行う等あらゆる手段を講じること。

・やむを得ない事情により採用内定の取消しまたは採用・入職時期の延期を行う場合には、対象者の就職先の確保について最大限の努力を行うとともに、対象者からの補償等の要求には誠意を持って対応すること。

第3節

賃金・処遇

基礎編☆

1　コロナ禍休業時の賃金・休業手当支払いの要否

Summary（要約）

1　会社が社員に休業を命じた場合、「ノーワーク・ノーペイの原則」は適用されず、休業を命じた事情に応じて、賃金・休業手当支払いの要否の検討を要する。

2　コロナ禍により休業を命じる場合、原則、賃金の支払いは不要である。

3　休業手当の支払いについては、緊急事態宣言が発令されているか否かなど、会社事業を巡る個別的な事情により異なる。

「ノーワーク・ノーペイの原則」

賃金は、労働に対する対価です。もう少し詳しくいえば、雇用契約上、社員は会社に対して労務を提供する義務を負っており、会社は、その対価として、社員に賃金を支払います。つまり労働していなければ、賃金を支払う必要もない、ことになります。これを「ノーワーク・ノーペイの原則」といいます。

会社が社員に休業を命じた場合、
「ノーワーク・ノーペイの原則」は適用されない

コロナ禍において、会社が社員に休業するよう命じた場合には、本来であれば、雇用契約上、労働すれば賃金の支払いを受けられるにもかかわらず、会社の業務命令により賃金の支払いを受ける前提となる労務の提供ができなかったのですから、「ノーワーク・ノーペイの原則」は適用されません。

休業時の賃金・休業手当の支払いに関する法律上の規定は？

休業時の社員に対する賃金・休業手当の支払いについて、法律上、次の２つの規定があります。

【賃金の支払いを要する場合】
「債権者の責めに帰すべき事由によって債務を履行することができなくなったときは、債権者は、反対給付の履行を拒むことができない。」（民法536②）

この場合、「債権者」＝会社、「債務を履行することができなくなった」＝働くことができなくなった、「反対給付の履行を拒むことができない」＝給料の支払いを拒否することはできない、と読み替えます。つまり、会社は、賃金を全額支払わなければいけません。

【休業手当の支払いを要する場合】
「使用者の責に帰すべき事由による休業の場合においては、使用者は、休業期間中当該労働者に、その平均賃金の100分の60以上の手当を支払わなければならない。」（労基法26）

「使用者の責に帰すべき事由による休業」の場合、使用者（会社）は、平均賃金の100分の60以上の休業手当を支払わなければならない、とされています。通常、平均賃金は賃金より金額が少ないですから、賃金の半分程度が支払われることになります。

➡ 休業手当算定時の留意点については、本章第3節「応用編☆☆」4を参照

「使用者の責に帰すべき事由」による休業とは？

上記のとおり、コロナ禍による休業が「使用者の責に帰すべき事由」によるかどうかで、結論が変わります。

まず、**【賃金の支払いを要する場合】**の「債権者の責めに帰すべき事由」とは、会社の故意または過失があることです。「故意」を「わざと」と考えると、例えば「辞めさせるために、理由なく自宅待機させる場合」、「過失」を「落ち度によって」と考えると、例え

ば「会社の原料発注ミスで工場がストップしたことにより、自宅待機させる場合」です。

次に**【休業手当の支払いを要する場合】**の「使用者の責に帰すべき事由」とは、会社の故意または過失より広く、会社は、天災事変などの「不可抗力」に該当しなければ休業手当を支払わなければいけないと解釈されています。

両方とも、会社の責めに帰すべき事由による休業を規定していますが、**【賃金の支払いを要する場合】**は一般的な法律上の原則を定めたものであり、**【休業手当の支払いを要する場合】**は労働者保護の観点から特別に定められたものであり、より広く解釈されています。

コロナ禍休業時、賃金の支払いを要するか?

それでは、**【賃金の支払いを要する場合】**の「使用者の責に帰すべき事由」に当たるか？コロナ禍は会社のせいではないですから、コロナ禍において、休業を強いられたということであれば、会社の故意または過失ではないことは明らかです。つまり、賃金の支払いは不要です。

会社が休業手当の支払義務を負わない場合
＝「不可抗力」による休業とは?

《求められる2つの要素》

「不可抗力」による休業は、①その原因が事業の外部より発生した事故であること、②事業主が通常の経営者としての最大の注意を尽くしてもなお避けることができない事故であること、これらの２つの要素をいずれも満たすことが求められます。

緊急事態宣言が出された場合、
「不可抗力」による休業か（休業手当不要）?

コロナ禍は、未曽有の事態です。つまり、前例はありませんから、「不可抗力」に当たるかどうか、正解が出ているわけではありません。

参考になるものとして、厚生労働省がWebページで公表している新型コロナ厚労省QA（企業の方向け）があります。厚生労働省は次のように説明しています。

「新型インフルエンザ等対策特別措置法による対応が取られる中で、協力依頼や要請などを受けて営業を自粛し、労働者を休業させる場合であっても、一律に労働基準法に基づく休業手当の支払義務がなくなるものではありません。(中略) ①に該当するものとしては、例えば、今回の新型インフルエンザ等対策特別措置法に基づく対応が取られる中で、営業を自粛するよう協力依頼や要請などを受けた場合のように、事業の外部において発生した、事業運営を困難にする要因が挙げられます。②に該当するには、使用者として休業を回避するための具体的努力を最大限尽くしていると言える必要があります。具体的な努力を尽くしたと言えるか否かは、例えば、自宅勤務などの方法により労働者を業務に従事させることが可能な場合において、これを十分に検討しているか、労働者に他に就かせることができる業務があるにもかかわらず休業させていないかといった事情から判断されます。」

まず、前提を述べますと、厚生労働省説明中の「①」「②」とは、上述した「求められる2つの要素」の「①」「②」と同じです。

そして、①の要素については、コロナ禍が「事業の外部において発生した、事業運営を困難にする要因」といえるかどうか、がポイントになります。

この点、緊急事態宣言は、法律に基づいて出されるものであり、対象地域では外出自粛が求められます。法律に基づき外出自粛が求められている以上、医療関係、生活必需品の販売関係、運送関係といった自粛の対象外と考えられる業種以外では、会社としても、社員に出勤を求める、または、出勤を希望する社員を受け入れることは事実上困難です。しかも、取引先・関係先も同様の状況でしょうから、出社しても業務量が限定されることも多いでしょう。

また、場合によっては、法律に基づき、休業要請・休業指示が出されることもあります。

以上のとおり、コロナ禍による休業について、基本的には「事業の外部において発生した、事業運営を困難にする要因」であり、①の要素を充たすと考えます(なお、政府内では、休業要請を拒否した場合などについて、罰則を導入する法律改正も検討されているようです)。

また、②の要素について、自宅勤務などの方法により労働者を業務に従事させることが可能ではなく、労働者に他に就かせることができる業務がないのであれば、充たしていると考えられます。

このような観点から、2つの要素を充たしていれば、休業手当の支払いは不要です。

緊急事態宣言が出されていない場合、「不可抗力」による休業か（休業手当不要）？

現行法に基づく法適用のもとでは、感染拡大防止と経済活動を両立させるフェーズです。そのため、法律に基づく外出自粛や休業要請・休業指示はなされません。そのため、原則として、①の要素を充たさないと考えておくべきでしょう。

仮に、都道府県知事から事実上の要請がなされるなど、法律に基づかない休業要請が出された場合には、休業要請が出されるに至った経緯・事情や業種業態などを踏まえた個別具体的な判断になるでしょう。もし、事実上であるとはいえ長期的な休業に追い込まれ、かつ、社員に対する休業手当の支払いの必要もあり、その原資について公的な支援も得られないというときには、整理解雇も有力な選択肢になるでしょう。

➡ 整理解雇については、第2章第2節「発展編☆☆☆」5を参照

現時点における負担軽減策は？

コロナ禍のなか、政府が準備した対応策があります。一つは会社が申請する「雇用調整助成金」、もう一つは社員が直接申請する「新型コロナウイルス感染症対応休業支援金・給付金」です。

➡ 雇用調整助成金の活用及び給付金利用の勧奨については、本章第3節「応用編☆☆」7及び8を参照

2 休業時の有給休暇の活用

Summary（要約）

1　有給休暇は、法律の要件を充たした社員に当然に発生するものであり、正社員以外についても同様である。

2　社員は、発生した有給休暇について、理由を問わず取得することができるため、新規コロナウイルス感染防止のため出社したくないことを理由に取得することもできる。

3　会社による有給休暇取得の強制は、法律に基づく例外的な場合に限られる。

有給休暇の発生要件

有給休暇（年休）とは、所定労働日（勤務日）のうち、労働義務が消滅し、かつ、賃金の支払いを受けることができる日です。法律で定められている年次有給休暇のほか、法律の日数を超えて会社が特別に付与する有給の休暇もありますが、以下、法律に基づく有給休暇について述べます。

法律に基づく有給休暇は、次の２つが発生要件です（労基法39①）。

①　雇入れの日から起算して６か月間継続勤務したこと

②　対象期間内に全労働日の８割以上出勤したこと

対象となる社員は、正社員（フルタイム勤務社員）だけではなく、パートタイム社員、アルバイト社員、有期雇用社員も含まれます。

有給休暇の付与日数

正社員（フルタイム勤務社員）及び所定労働日数が正社員と同じ短時間勤務社員に対する付与日数は次ページのとおりです（労基法39②）。

▶**原則となる付与日数**

●使用者は、労働者が雇入れの日から**6か月間継続勤務**し、その6か月間の全労働日の**8割以上を出勤**した場合には、原則として**10日**の年次有給休暇を与えなければなりません。

（※）対象労働者には**管理監督者**や**有期雇用労働者**も含まれます。

継続勤務年数	6か月	1年 6か月	2年 6か月	3年 6か月	4年 6か月	5年 6か月	6年 6か月以上
付与日数	10日	11日	12日	14日	16日	18日	20日

（出所：厚生労働省「年５日の年次有給休暇の確実な取得―わかりやすい解説」より）

また、パートタイム社員など、所定労働日の日数が正社員より少ない社員については、所定労働日数に応じて比例付与されます。対象となるのは、所定労働時間が週30時間未満で、かつ、週所定労働日数が４日以下、または、年間の所定労働日数が216日以下の労働者です（労基法39③、労基法規則24の３）。

具体的には、次のとおりです。

▶**パートタイム労働者など、所定労働日数が少ない労働者に対する付与日数**

●パートタイム労働者など、所定労働日数が少ない労働者については、年次有給休暇の日数は**所定労働日数に応じて比例付与**されます。

●比例付与の対象となるのは、所定労働時間が**週30時間未満**で、かつ、週所定労働日数が**4日以下**または年間の所定労働日数が**216日以下**の労働者です。

週所定労働日数	1年間の所定労働日数		継続勤務年数						
			6か月	1年 6か月	2年 6か月	3年 6か月	4年 6か月	5年 6か月	6年 6か月以上
4日	169日～ 216日	付与日数	7日	8日	9日	10日	12日	13日	15日
3日	121日～ 168日	付与日数	5日	6日	6日	8日	9日	10日	11日
2日	73日～ 120日	付与日数	3日	4日	4日	5日	6日	6日	7日
1日	48日～ 72日	付与日数	1日	2日	2日	2日	3日	3日	3日

（出所：同上）

（※）表中太枠で囲った部分に該当する労働者は、2019年４月から義務付けられる「年５日の年次有給休暇の確実な取得」の対象となります。

社員による自由な取得が原則であり、新型コロナウイルス感染防止のため出社したくないことを理由とする取得を認めなくてはいけない

社員は、発生した有給休暇について、自由に取得することができるのが原則です（労基法39⑤本文）。これを「時季指定権」といいます。もっとも、会社は、社員が取得しようとする時季に有給休暇を与えることが「事業の正常な運営を妨げる場合」には、異なる日に取得するよう求めることができます（労基法39⑤ただし書）。これを「時季変更権」といいます。

また、社員は、いかなる理由であっても有給休暇を取得することができますし、会社が社員に対して取得理由の説明を義務付けることもできません。つまり、社員は、新型コロナウイルス感染防止のため出社したくないことを理由に取得することもできます。そのため会社は、出社を嫌がる社員からの有給休暇取得の申請があれば、原則として、認める必要があります。

会社としての有給休暇の活用法（休業手当支給が不要になる）

同時に、会社から、出社を躊躇している社員に対して有給休暇取得を促すこともできます。会社にとって、休業手当支給が不要になるというメリットがあります。もちろん、社員が納得して申請することが前提です。

会社による有給休暇取得の強制は、「計画年休」という法律に基づく例外的な場合に限られる

会社は、有給休暇のうち５日を超える部分（12日の有給休暇が発生していれば、7日分）について、社員からの取得の申請がなくても、時季を特定して強制的に取得させることができます（労基法39⑥）。労働者代表などとの書面による協定で時季を定める必要があります。

上記以外では、会社は、社員に対して、有給休暇の取得を強制することはできません。

3　テレワーク実施費用の会社負担・通勤手当の減額

Summary（要約）

1　テレワーク実施費用（器材購入費用・通信費など）について、会社・社員のいずれが負担すべきか、法律上の定めはなく、就業規則等において定めるべき事項である。

2　テレワーク器材購入費用・通信費などのすべてを会社が負担する必要性は高くないが、社員に負担させる場合に生じる悪影響は無視できない。

3　通勤手当の減額・転用との組み合わせを検討するのも一案である。

法律上、テレワーク実施費用
（器材購入費用・通信費など）負担の定めはない

テレワーク実施費用、すなわち、テレワーク器材購入費用・通信費など（水道光熱費を含みます。本項目において同じ）について、会社・社員のどちらが負担すべきか、法律上の定めはありません。

そのため、基本的には、就業規則（または、就業規則と一体となる規則（例えば「テレワーク勤務規程」）。本項目において「就業規則等」といいます）において定めるべき事項です。特に、社員に情報通信機器、作業用品その他の負担をさせる定めをする場合には、法律上、当該事項について就業規則等に規定する必要があります（労基法89五）。

会社がすべてを負担する必要性は高くないが、
社員に負担させることによる悪影響も無視できない

器材設置場所が社員の自宅であったり、業務以外でも使用可能な器材である場合もあること、通信費などについても私用との区別ができない場合もあることから、すべてについて会社が負担する必要性は高くないと考えられます。

もっとも、これらの全部または一部を社員に負担させる場合、予想外の支出を社員に強いることになり、社員のモチベーションに与える悪影響も無視できません。

テレワーク労務管理QAの例

厚生労働省が公表している「テレワーク導入のための労務管理等Q&A集」（巻末資料3参照）では、テレワーク関連費用に関する会社と社員の費用負担の実態について、次のとおり説明しています。

① 情報通信機器の費用

テレワーク導入企業の事例では、パソコン本体や周辺機器、携帯電話、スマートフォンなどについては、会社から貸与しているケースが多く見られます。会社が貸与した場合、基本的には全額会社負担としているところが多いようです。

② 通信回線費用

モバイルワークでは携帯電話やノート型パソコンを会社から貸与し、無線LAN等の通信費用も会社負担としているケースが多く見られます。

一方、在宅勤務では、自宅内のブロードバンド回線の工事費、基本料金、通信回線使用料等が発生します。工事費については、ブロードバンド回線そのものが自宅内に配線され、テレワーカー自身が個人的にも使用することがあるため、その負担を個人負担としている例も見られますが、会社が負担するケースもあります。ブロードバンド回線の基本料金や通信回線使用料については、個人の使用と業務使用との切り分けが困難なため、一定額を会社負担としている例が多く見られます。

③ 文具、備品、宅配便等の費用

文具消耗品については会社が購入した文具消耗品を使用することが多いでしょう。切手や宅配メール便等は事前に配布できるものはテレワーカーに渡しておき、会社宛の宅配便は着払いにするなどで対応ができます。やむを得ずテレワーカーが文具消耗品の購入や宅配メール便の料金を一時立て替えることも考えられますので、この際の精算方法等もルール化しておくことが必要です。

④ 水道光熱費

自宅の電気、水道などの光熱費も実際には負担が生じますが、業務使用分との切り分けが困難なため、テレワーク勤務手当に含めて支払っている企業も見受けられます。

上記は、厚生労働省の事例紹介であり、厚生労働省は、どちらかといえば労働者寄りの説明を行う傾向があると思われることから、必須の対応例であるとか、スタンダードであるなどと理解する必要はありません。

通勤手当の減額・転用とのセットによる対応策

テレワーク実施により、通勤交通費は発生しないことから、通勤手当を減額ないし、テレワーク器材購入費用に転用することが可能になります。そこで、通勤手当の減額・転用とのセットによって、会社も社員のいずれの負担増も抑制する対応策もあります。もちろん、社員の意見を聞きそれらを踏まえて、就業規則等に規定した上で導入すべきです。

就業規則等への規定のみならず、同意書を取り交わしておくと良い

上記のとおり、テレワーク実施費用の負担と通勤手当の減額・転用について、就業規則等に規定する必要がありますが、就業規則等に規定した場合であっても、法的に効力が認められないときもありますから、念のため、各社員から同意書を取得しておくと良いでしょう（**書式５**「テレワーク関連費用・通勤費用の負担について（同意書）」）。

厚生労働省の助成金の利用も考えられる

厚生労働省は、働き方改革推進支援助成金のテレワークコースなど、テレワークを導入しようとする中小企業事業主に対して、テレワーク実施費用の一部を助成する制度を設けています。

条件や対象期間などの制限はありますが、厚生労働省のWebページや「テレワーク相談センター」への問合せをお勧めします（なお、働き方改革推進支援助成金（新型コロナウイルス感染症対策のためのテレワークコース）については、令和２年９月１日より２次募集を開始しています）。

▶支給額 支給対象となる取組の実施に要した費用のうち、下の「対象経費」に該当するものについて、成果目標の達成状況に応じて助成します。

対象経費	助成額
謝金、旅費、借損料、会議費、雑役務費、印刷製本費、備品費、機械装置等購入費、委託費 （注）契約形態が、リース契約、ライセンス契約、サービス利用契約などで「評価期間」を超える契約の場合は、「評価期間」の間の経費のみが対象	**対象経費の合計額×補助率** （上限額を超える場合は上限額※） ※「1 人当たりの上限額」×対象労働者数　又は「1 企業当たりの上限額」のいずれか低い方の額

成果目標の達成状況	達成	未達成
補助率	3／4	1／2
1 人当たりの上限額	40 万円	20 万円
1 企業当たりの上限額	300 万円	200 万円

〈支給額の例〉

労働者 100 人の企業で、
総務、経理部門において 400 万円のテレワーク用機器を導入し、
対象労働者が 10 人の場合

所要額　400 万円

○成果目標達成の場合　→**300 万円を助成**
○成果目標未達成の場合→20 万円×10 人=200 万円を助成

（出所：厚生労働省「『働き方改革推進支援助成金』のご案内（テレワークコース）」より）

【書式5：テレワーク実施費用・通勤費用の負担について（同意書）】

株式会社○○
代表取締役　○○○○　殿

テレワーク実施費用・通勤費用の負担について（同意書）

私は、テレワーク実施にあたり、テレワーク実施費用と通勤費用の負担について、会社から説明を受けて、下記について同意しましたので、念のため、本書を差し入れます。

記

1　テレワーク実施費用

費　目	内　容	会社負担	社員負担
情報通信機器	パソコン、スキャナー、携帯電話	会社貸与(全額)	なし
通信回線費用①	自宅wifi	月額2000円	残額全額
通信回線費用②	モバイルwifi	会社貸与(全額)	なし
文具、備品、宅配便等の費用		筆記用具、会社封筒は会社支給(全額)、宅配便等は月締めで精算(全額)	なし
水道光熱費	自宅水道、電気、ガス	月額2000円	残額全額

＊上記以外のテレワーク関連費用は、すべて全額社員負担である。

2　通勤手当
・従来、○か月に1回○○○○円ずつ支給されていた通勤手当は、不支給とする。
・会社指示による（会社所定の）出勤日について、従来支給されていた通勤手当を算定する通勤ルートによる実費を月締めで精算する。

令和　　年　　月　　日

所　属：
氏　名　　　　　　　　　㊞

注：記載内容は例示であり、実態に即して記載すること。

応用編☆☆

4 休業手当の算定方法

Summary（要約）

1　会社の責めに帰すべき事由による休業の場合においては、会社は休業期間中社員に平均賃金の60％以上の休業手当を支払わなければならない。

2　平均賃金の算定方法には一定のルールがある。

3　パートタイマーやアルバイトなど、賃金が日給や時給で支払われる者の平均賃金には最低保障額がある。

休業手当の算定方法

「休業手当」とは、会社の責めに帰すべき事由による休業をさせた場合に、社員に対して支払うことが労働基準法第26条で義務付けられている手当で、労働者の最低限の生活保障を図るために支払われる手当です。

休業手当は就業規則等、会社で定めるルールに従って支払われますが、労働基準法ではその最低基準となる算定方法が定められており、**休業手当の額は、1日につき平均賃金の60%以上**とされています。

➡ 休業時の休業手当支払いの要否については、本章第3節「基礎編☆」1を参照

平均賃金とは?

休業手当を算定するためには、まず平均賃金を計算する必要があります。

平均賃金は、労働基準法第12条でその算定方法が定められており、次の計算式により計算されます。

$$平均賃金=\frac{算定事由の発生した日以前3か月間に支払われた賃金の総額（＊①②③）}{算定事由の発生した日以前3か月間の総日数（暦日）（＊④）}$$

① 「算定事由が発生した日」とは、休業の場合には休業した日を指します。また、休業日が2日以上の期間にわたるときは、その最初の日を指します。

② 「以前3か月」とは、算定事由の発生した日は含まず、その前日から遡って3か月です。賃金締切日がある場合は、直前の賃金締切日から遡って3か月となります。賃金締切日に算定事由が発生した場合は、その前の賃金締切日から遡ります。

なお、3か月間のうちに次の期間がある場合は、その日数及び賃金額は総日数や賃金総額から除かれます。

・業務上負傷し、または疾病にかかり療養のために休業した期間
・産前産後休業の期間
・会社の責任によって休業した期間
・育児介護休業の期間
・試みの使用期間（試用期間）

③ 「賃金総額」とは、算定期間中に支払われる賃金のすべてが含まれます。基本給、役職手当、通勤手当、皆勤手当、年次有給休暇の賃金や残業手当も含まれ、現実に支払われた賃金だけではなく、賃金の支払いが遅れているような場合は、未払賃金も含めて計算されます。ベースアップが確定している場合も算入し、6か月通勤定期の通勤手当などは1か月ごとに支給されたものとみなして計算されます。

なお、次の賃金については賃金総額から除きます。

・臨時に支払われた賃金（結婚手当、私傷病手当、加療見舞金、退職金等）
・賞与など3か月を超える期間ごとに支払われる賃金（賞与であっても3か月ごとに支払われる場合は算入します）
・労働協約で定められていない現物給与

④ 「総日数」とは、労働日数ではなく、暦の日数を指します。

計算された平均賃金は、銭未満を切り捨てて銭まで算出します。

例えば、計算の結果が9,560.5864のような場合、9,560円58銭が平均賃金の額となります。

パートやアルバイトの平均賃金における最低保障額とは?

パートやアルバイトなど賃金が日給や時給で支払われている場合で、所定労働日が少ない者や出来高払いその他の請負制によって定められている者の平均賃金には最低保障額があり、先ほどの原則的な計算式で計算された額と最低保障額を比べ、いずれか高いほうの金額を平均賃金とします。

$$\text{最低保障額}=\frac{\text{算定事由の発生した日以前3か月間に支払われた賃金の総額}}{\text{算定事由の発生した日以前3か月間に実際に労働した日数}}\times 60\%$$

原則的な算定式と異なるところは、実際に労働した日数を使用するところと賃金総額を実際の労働日数で除して算定した額をさらに60%とすることです。

「New Normal」でも押さえておきたい基礎知識

パート・アルバイトの平均賃金最低保障額で使う60%の根拠は？

労働者は、働いて得たお金を平日しか使わないわけではなく、休日も含めた毎日の生活で消費します。休日も含めた１日あたりの生活保障はいくら必要なのかを算定するには、一定期間に得た賃金を、その一定期間の休日を含む全日数で割ればよいことは明白です。そのため、平均賃金の原則計算（月給制の労働者を想定した計算）では、算定事由発生日以前３か月の総賃金を、その３か月間の総日数（総暦日数）で割る、という計算式になっています。

一方、パート・アルバイトなどの労働者においては、必ずしも毎日労働するわけではないため、算定事由発生日以前３か月の総賃金を、その３か月間で実際に労働した日数で割ることになっています。この理屈を考えれば、パート・アルバイトなどの時給制の場合は、実際の労働日を分母にもってくることはそれほど違和感を覚えないと思います。

しかし、もう少し深く考えてみると、なぜパート・アルバイトなどの平均賃金の計算のときだけ最後に60%を乗じるのかという点については疑問が残ります。たしかに、分母が少ない数（＝実際の労働日数）のほうが算定される金額が大きくなるので、一定の減額調整が必要であることは感覚的に理解できますが、なぜ60%を適正といえるのかについては単純には理解できないと思います。

労働基準法制定当時、会社（当時は主として工場）の業績の悪いときでも、パート・アルバイトなどの労働者は月に18日は働いているであろう、つまり分母にくる実際の労働日数は最低でも１か月あたり18日ぐらいになるであろうとの想定があったようです。18日分の賃金を、休日を含めた１か月における１日の生活保障費として再計算する場合、18日を30日（または31日）で割る必要があり、これにより60%が導かれたと解されます。ただ、18日というのは想定上の労働日数ですから、少なくともこの想定以上の平均賃金は保障してあげよう、ということで、パート・アルバイトなどの労働者の平均賃金には最低保障額が設けられたと理解できます。

5 休業手当算定の具体例と留意点

Summary（要約）

1　休業手当は、休日を除く所定労働日のうち、実際に休業させた日数を基に算定する。

2　月給者を1か月間フルに休業させた場合の休業手当の額は、通常支払うべき賃金月額の約40%程度となる。

3　雇入後3か月に満たない社員については、雇入後の期間だけで算定する。

休業手当算定の計算式

休業手当算定の計算式は次のようになります。

休業手当＝平均賃金（日額）×60%（以上）×休業日数（休日を除く）

前述のとおり、平均賃金は、算定事由発生日以前3か月間に支払われた賃金総額を、その3か月間の総**暦日数**で割った金額となります。仮定の話となりますが、暦日数30日の1か月単位で考えれば、1か月分の賃金を30日で割った金額がおよその平均賃金相当額となります。**平均賃金**は、土日などの休日も含めた**暦日数**をベースに算出されていますが、上記計算式のとおり、支払うべき**休業手当**は、休日を除く所定労働日のうち**実際に休業した日数**分だけ支給すればよいことになっています。つまり、月給者を1か月間すべて休業させた場合であっても、休業手当の対象となる日数は土日などの休日を除いたおおむね20日から22日となりますので、仮にフルに休業手当が支払われたとしても、その額は通常の賃金月額の3分の2（約60～70%）程度となります。加えて、休業手当を平均賃金の60%として支給する場合は、3分の2（約60～70%）×60%で、最終的に支給される休業手当は、通常支払われるべき賃金月額の40%程度となることがわかります。

具体的な計算例

○○株式会社は、令和2年4月20日から臨時休業とし、正社員（月給）とパート社員（時給）に対して、平均賃金の60％の休業手当を支払うことにしました。

○○株式会社の給与の締切日は毎月末日、給与支給日は翌月15日です。算定事由発生日は休業日である４月20日となります。

◆計算例①：正社員Aさん（休業日数８日）

給 与	暦日数	賃金総額	内　訳
1月	31日	22万円	基本給21万円、通勤手当1万円
2月	29日（閏年）	23万円	基本給21万円、通勤手当1万円、残業手当1万円
3月	31日	24万円	基本給21万円、通勤手当1万円、残業手当2万円
合 計	91日	69万円	

平均賃金＝69万円÷91日≒7,582円41銭（銭未満切捨て）
休業手当＝7,582円41銭×60％×8日（休業日数）＝36,396円
（円未満四捨五入）

◆計算例②：正社員Bさん　令和２年２月１日入社（休業日数８日）

給 与	暦日数	賃金総額	内　訳
1月	—	—	
2月	29日（閏年）	23万円	基本給21万円、通勤手当1万円、残業手当1万円
3月	31日	24万円	基本給21万円、通勤手当1万円、残業手当2万円
合 計	60日	47万円	

平均賃金＝47万円÷60日≒7,833円33銭（銭未満切捨て）
休業手当＝7,833円33銭×60％×8日（休業日数）＝37,560円
（円未満四捨五入）

雇入後３か月に満たない社員については、雇入後の期間とその期間中の賃金総額で算定することになります。

また、試みの使用期間中に平均賃金の算定事由が発生した場合においては、その期間中の日数及び賃金は平均賃金の算定の基礎に算入して計算します（⇨労働基準法施行規則第３条を参照）。

・**労働基準法施行規則第３条**（平均賃金）

「試の使用期間中に平均賃金を算定すべき事由が発生した場合においては、法第12条第３項の規定にかかわらず、その期間中の日数及びその期間中の賃金は、同条第１項及び第２項の期間並びに賃金の総額に算入する。」

◆計算例③：正社員Cさん　令和2年4月1日入社　4月19日まで勤務（休業日数8日）

給 与	暦日数	賃金総額	内　訳
4月	19日	14万円	基本給13万円（日割計算）、通勤手当1万円
合 計	19日	14万円	

平均賃金＝14万円÷19日≒7,368円42銭（銭未満切捨て）

休業手当＝7,368円42銭×60％×8日（休業日数）＝35,368円

（円未満四捨五入）

雇入後、一度も賃金締切期間が経過していない社員は、算定事由の発生した日以前の期間で計算します（⇨ 通達（昭和27年4月21日基収1371号）を参照）。

・**通達**（昭和27年4月21日基収1371号）

「雇入後3箇月に満たない者については、雇入後の期間とその期間中の賃金総額で算定する。但し、雇入後一賃金締切期間の経過していないものは、事由の発生した日以前の期間で計算する。」

◆計算例④：正社員Dさん　令和2年4月1日入社　入社日より休業（休業日数21日）

給 与	暦日数	賃金総額	内　訳
雇用契約で定めた額	30日	22万円	基本給21万円、通勤手当1万円
合 計	30日	22万円	

平均賃金＝22万円÷30日≒7,333円33銭（銭未満切捨て）

休業手当＝7,333円33銭×60％×21日（休業日数）＝92,400円

（円未満四捨五入）

◆計算例⑤：パート社員Eさん　（休業日数8日）

給 与	暦日数	労働日数	賃金総額	内　訳
1月	31日	15日	10万円	基本給9万円、通勤手当1万円
2月	29日	14日	9万円	基本給8万円、通勤手当1万円
3月	31日	18日	9万円	基本給8万円、通勤手当1万円
合 計	91日	47日	28万円	

平均賃金（原則）＝28万円÷91日≒3,076円92銭（銭未満切捨て）

平均賃金（最低保障）＝28万円÷47日×60％≒3,574円46銭（銭未満切捨て）

＊原則と最低保障のうち高いほうを平均賃金とする：3,574円46銭

休業手当＝3,574円46銭×60％×8日（休業日数）＝17,157円

（円未満四捨五入）

「New Normal」でも押さえておきたい基礎知識

再休業における雇用調整助成金の有利不利は致し方ないこと?

コロナウイルス感染症に対応するための休業については、当初の休業が一旦終了した後に、新たな感染者急増などに伴い、期間をおいて改めて休業に入るということも考えられます。

この場合には、平均賃金はどのように算定されるのでしょうか?

平均賃金の算定方法は、算定事由が発生した日を基準として算定することとなり、休業の場合には休業日が算定事由の発生した日となります。

そのため、当初の休業が一旦終了した後に、改めて休業に入る場合には、2度目の休業日が新たな算定事由が発生した日となるため、再計算をする必要があります。

例えば、4月中旬より5月末まで休業し、6月から通常勤務に戻ったが、9月より再び休業となった場合には、4月に算定した平均賃金を使用するわけではなく、改めて9月に平均賃金を算定する必要があります。そのため、1回目の休業の際に算定した平均賃金の額と2回目の休業の際に算定した平均賃金の額が異なることがあります。休業手当をもらう従業員や雇用調整助成金をもらう会社にとって有利不利が生じ得ますが、これは致し方ないこととなりますのでご理解ください。

6 休業時の賃金控除方法と休業手当の支給

Summary（要約）

1　休業をした際には、一般的にはノーワーク・ノーペイの原則により賃金控除をする。

2　賃金控除をする際の控除額の計算は就業規則や雇用契約書の定めに従う。

3　1日のうち一部休業をさせた場合においては、休業手当を支払わなくても良い場合がある。

ノーワーク・ノーペイの原則とは

「ノーワーク・ノーペイの原則」とは、社員が労務を提供していない場合には、会社はその不就業の部分について賃金を支払う義務がないという原則です。

この考え方は、給与計算を行っていく上での基本原則となります。例えば欠勤した場合や遅刻や早退をした場合に、その日や時間に対応する部分について会社は賃金を支払う必要はなく、月給者であれば賃金を控除することができます。会社の責めに帰すべき事由による休業であったとしても同様となります。

➡ 休業時の休業手当支払いの要否については、本章第3節「基礎編☆」1を参照

賃金控除と休業手当の支給（月給者）

月給者（月給制の社員）の場合、給与計算期間のすべてにおいて労務の提供があることを前提として給与額を決めています。この場合に休業が行われればノーワーク・ノーペイの原則により賃金控除がなされます。賃金控除の計算方法は就業規則や賃金規程、雇用契約書などのルールに従うこととなります。

一般的に、就業規則や賃金規程では、不就業があった際の計算式を定めており、例えば、月給を所定労働日数や所定労働時間で割って日や時間の控除単価を計算しています。単価が算出されれば休業日数に応じて控除額を計算して給与から控除することになります。ただし、会社の責めに帰すべき事由による休業の場合には、控除するだけではなく、休業手

当の支給が必要となります。

➡ 休業手当の算定方法については、本章第3節「応用編☆☆」④を参照

賃金控除と休業手当の支給を行ったら、給与明細書や賃金台帳へ各々の内容を記載します。

【給与明細書イメージ（本章第3節「応用編☆☆」⑤）Aさんのケース】

正社員A　　殿

〇〇株式会社

令和２年４月　給与

末日締め　翌月15日払い

勤怠	所定労働日数	出勤日数	休日出勤日数	欠勤日数	有休消化日数	有休付与日数	有休残日数	
	21日	13日	0日	8日	0日	0日	3日	
	普通残業	深夜残業						
	0時間	0時間						

支給	基本給	通勤手当			休業手当			
	210,000	10,000			36,396			
	休業控除					課税支給額	非課税支給額	支給総額
	▲ 80,000					166,396	10,000	176,396

① 会社の不就業控除のルールにより計算：基本給210,000円÷所定労働日数21日×不就業日数8日＝80,000円

② 会社の責めに帰すべき事由による休業のため休業8日間について休業手当を支給：計算例①参照

控除	健康保険料	介護保険料	厚生年金保険料	雇用保険料				社会保険料計
	10,857	0	20,130	529				31,516
	所得税							
	2,460							
								控除合計
								33,976

差引支給額
142,420

賃金控除と休業手当の支給（時給者）

時給者（時給制のパート社員やアルバイト社員など）の場合、給与計算期間において労働した時間に応じて給与額が計算されます。よって、休業が行われた場合には、その休業時間に対応する給与が支払われないこととなるため、賃金控除という概念は発生しません。ただし、会社の責めに帰すべき事由による休業の場合には休業手当の支払いが必要となりますので、休業した日数に応じた休業手当を支払う必要があります。

休業手当と実際の労働による賃金は、その計算の根拠や目的が異なるため、給与明細書や賃金台帳においては、それぞれ独立した項目として記載します。休業手当を通常の賃金と別表示しておくことで雇用調整助成金の申請・審査がスムーズに進むという利点もありますのでお勧めです。

また、時給で給与が支払われるパート社員は日によって労働時間が異なるケースもありますが、このような場合であっても、休業手当の額は日単位で計算しなければならないため、労働時間の長短にかかわらず日数に応じた休業手当の計算が必要です。

【給与明細書イメージ（第３節「応用編☆☆」）⑤Ｅさんのケース）】

パート社員E　殿

〇〇株式会社

令和２年４月　給与

末日締め　翌月15日払い

勤怠	所定労働日数	出勤日数	休日出勤日数	欠勤日数	有休消化日数	有休付与日数	有休残日数	
	15日	7日	0日	8日	0日	0日	1日	
	普通残業	深夜残業	労働時間					
	0時間	0時間	35時間					

支給	基本給	通勤手当			休業手当			
	42,000	10,000			17,157			
	休業控除					課税支給額	非課税支給額	支給総額
	0					59,157	10,000	69,157

控除	健康保険料	介護保険料	厚生年金保険料	雇用保険料				社会保険料計
	0	0	0	207				207
	所得税							
	0							
								控除合計
								207

差引支給額
68,950

① 実際の労働35時間に対する基本給：（仮に時給1,200円とすると）1,200円×35時間＝42,000円

② 時給計算のため不就業控除という概念なし

③ 会社の責めに帰すべき事由による休業のため休業8日間について休業手当を支給：計算例⑤参照

1日のうち一部休業した場合の賃金控除と休業手当の支給

1日休業させる必要はないが、1日のうちの一部、例えば2時間だけ休業をさせるというケースがあると思います。このような場合、月給者であれば休業した時間に応じた金額を控除し、時給者であれば休業した時間に応じた給与を支払わないという計算になります。

これに対し、休業手当の計算においては注意が必要です。法律の原則では、休業が1日の一部であったとしても、会社の責めに帰すべき事由による休業の場合には休業手当の支払いが必要となります。ただし、休業手当の額は日単位で計算されるため、行政解釈により次のような例外があります。

【現実に労働した部分に相当する給与が平均賃金の60%未満の場合】

平均賃金の60％に相当する額から現実に労働した部分に対応する給与を控除した額を休業手当として支払うことになります。

【現実に労働した部分に相当する給与が平均賃金の60%以上の場合】

その日については休業手当を支払わなくても法違反とはなりません。ただし、雇用調整助成金や緊急雇用安定助成金の支給を受けるためには休業した日や時間について休業手当の支払いがされていることが条件となることに注意が必要です（⇨詳細については、厚生労働省の通達（昭和27年8月7日基収3445号）を参照）。

・**通達**（昭和27年8月7日基収3445号）

「1日の所定労働時間の一部のみ使用者の責めに帰すべき事由による休業がなされた場合にも、その日について平均賃金の100分の60に相当する金額を支払わなければならないから、現実に就労した時間に対して支払われる賃金が平均賃金の100分の60に相当する金額に満たない場合には、その差額を支払わなければならない。」

7 雇用調整助成金の活用

Summary（要約）

1　休業を行い、休業手当を支払った場合には雇用調整助成金の対象となる可能性が高い。

2　とにかく申請をする！

雇用調整助成金とは

雇用調整助成金は従来よりある助成金の一つで、景気の変動や産業構造の変化、その他の経済上の理由により、事業活動の縮小を余儀なくされた事業主が、休業や教育訓練、出向などにより一時的な雇用調整を実施し、社員の雇用を維持した場合にその費用を助成する制度です。

新型コロナウイルスの影響に伴う雇用調整助成金の特例

従来からあった雇用調整助成金を拡充する形で、新型コロナウイルスの影響に伴う雇用調整助成金の特例が実施されています（令和２年８月28日現在）。

４月１日～12月31日の緊急対応期間中は、全国ですべての業種の会社を対象にして特例措置が行われており、受給要件の緩和、助成額の上限額の引上げ、助成率の拡充、手続きの簡素化など充実した内容をより簡単に受けることができるようになっています。特例措置の内容については、厚生労働省のホームページを参照ください。休業手当を支払っている企業には、ぜひ雇用調整助成金の申請を検討いただくようお勧めします。

【厚生労働省・雇用調整助成金（新型コロナウイルスの影響に伴う特例）】

https://www.mhlw.go.jp/stf/seisakunitsuite/bunya/koyou_roudou/koyou/kyufukin/pageL07.html

今回の新型コロナウイルス対策では、従来は雇用調整助成金の対象外であった雇用保険の被保険者でない社員（役員は除きます）に対して、緊急雇用安定助成金という助成金を新たに創設し、助成の対象としていることも見逃せないポイントです。これにより、雇用保険の被保険者が１人もいない事業所であっても、この緊急雇用安定助成金の申請はできることになります。ただし、労災保険の適用事業所であることすら届出していない事業所については、いずれの助成金も申請できませんので注意してください。

とにかく申請する!

当初、雇用調整助成金は要件や手続きが複雑で敬遠されていました。しかし、特例措置が実施され、手続きも簡素化された現在ではそれほどハードルの高い助成金ではありません。厚生労働省の新型コロナウイルスに関する助成金のホームページでは様々なリーフレットが用意されており、申請書についても入力補助がされているため、比較的簡単に申請書を作成することができます。また、小規模事業主用（社員数がおおむね20名以下の会社や個人事業主）を対象とした支給申請マニュアルも用意されており、これに沿って作成をすれば申請までたどり着けると思います。

【①（次ページ）**雇用調整助成金支給申請マニュアル**】（＝雇用保険の被保険者である従業員用）

【②（次ページ）**緊急雇用安定助成金支給申請マニュアル**】（＝雇用保険の被保険者でない従業員用）

でき上がった申請書は管轄の労働局やハローワークに提出することもできますが、管轄の労働局にある助成金事務センターへ郵送にて提出することも可能です。郵送にて提出する場合には、配達の記録が残る方法、例えば特定記録や簡易書留などで送付することが良いでしょう。

提出する際にはコピーを２部取り、１部は手元の控えとして残し、もう１部は返信用封筒をつけて申請書類と同封し、申請した証として受付印をもらうことが望ましい方法です。

【雇用調整助成金問い合わせ先一覧】

https://www.mhlw.go.jp/stf/newpage_10702.html

労働局の助成金事務センターも当初に比べて丁寧に対応をしてくれている印象があり、申請した書類についての不明点や不備があれば、随時、確認や指導の連絡を入れてくれます。

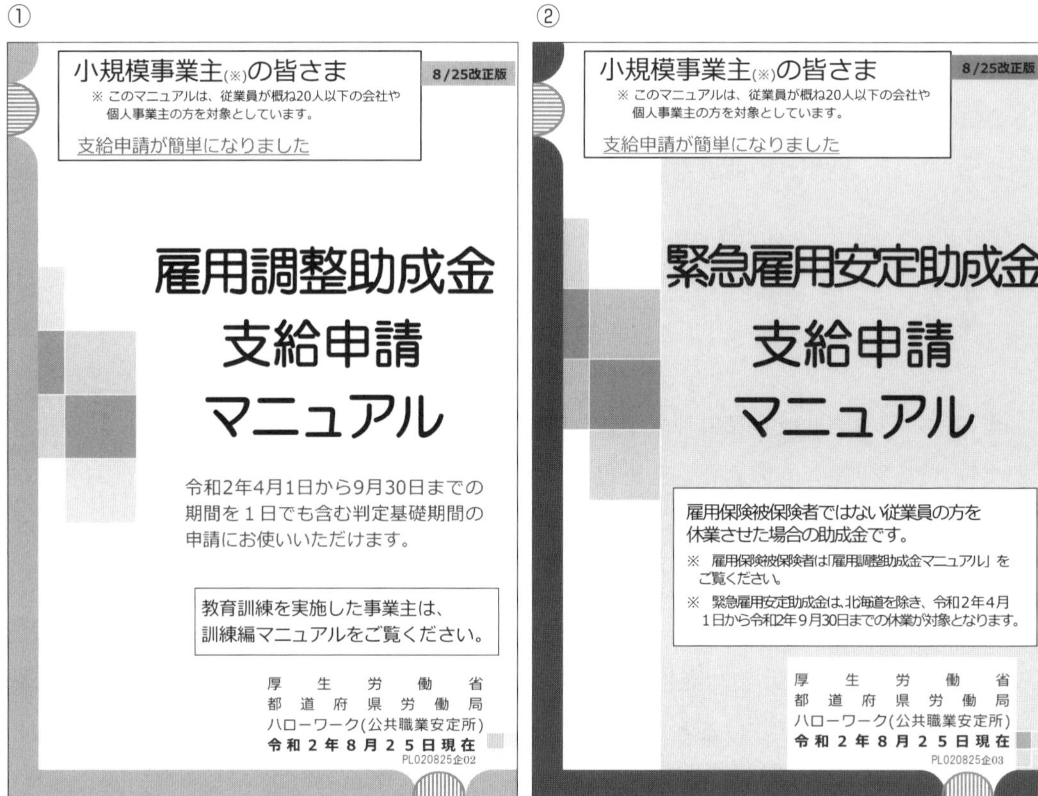

＊上掲の最新リーフレットは「雇用調整助成金 新型コロナ特例 厚生労働省」でインターネット検索して参照してください。

支給決定から振込まで

申請後、不備がなければ１か月を目安に支給決定がされます（令和２年８月28日現在）。支給決定がされた場合、支給決定通知書が送付され、支給申請時に指定した口座へ振り込まれることになります。

また、雇用保険の被保険者を対象とした雇用調整助成金と雇用保険の被保険者でない者を対象とした緊急雇用安定助成金は別々の助成金となるため、両方の助成金を申請した場合には、支給時期が異なることがあります。これは助成金の種類ごとに審査が行われているためであり、支給されていない方の助成金が不支給となったわけではありませんのでご注意ください。

社会保険労務士の活用

雇用調整助成金の申請が簡素化されたといっても、マニュアルを読み込んだり、書類を作成するのは億劫で面倒だ、また、役所から問い合わせを受けても答え方がわからない、など、自力で申請することに消極的になられる方も多いと思います。

そのような場合には、社会保険労務士（社労士）の活用をお勧めします。一定の委託料の支払いは必要になりますが、書類の作成や提出、その後のフォローも受けられることになるので便利です。ネット検索すれば多くの社労士事務所を見つけることができますが、逆に多すぎてどこに相談すればよいか悩まれるかもしれません。その場合は、各都道府県の社会保険労務士会（東京であれば、東京都社会保険労務士会、神奈川であれば神奈川県社会保険労務士会）に相談して推薦を受ける方法もあります。

【全国社会保険労務士会連合会】（下記から各社会保険労務士会リストを確認できます）

https://www.shakaihokenroumushi.jp/organization/tabid/238/Default.aspx

8 休業支援金・給付金について

Summary（要約）

1　会社の指示により休業した中小企業の労働者で、その休業に対する休業手当を受けることができない方に対する支援金・給付金がある。

2　会社を通じて申請をすることもできるが、労働者本人が直接申請することもできる。

新型コロナ感染症対応休業支援金・給付金の概要

新型コロナウイルスの影響及び蔓延防止措置の影響により、会社の指示で休業させられた中小企業の労働者のうち、休業中に賃金（休業手当）を受けることができなかった労働者に対して、労働者の申請により支援金・給付金が支給されます。

前述のとおり、本来であれば、会社の責めに帰すべき事由により労働者を休業させた場合、会社は労働者に対して休業手当の支払いが必要となります。しかし、何らかの理由により休業手当が支払われていない場合や、１日のうち一部だけの休業により休業手当の支払いが不要な場合もあり、その労働者の生活の安定及び保護の観点から、労働者が直接申請可能な制度として、この支援金・給付金が創設されました。

ただし、この支援金・給付金はすべての労働者を対象としているわけではなく、中小企業（注）の労働者を対象としており、大企業の労働者は対象となっていません。また、会社は、この支援金・給付金を労働者が受け取ったからといって、会社が本来支払うべき休業手当の支払義務を免除されるわけではないということに注意が必要です。

【厚生労働省・新型コロナ感染症対応休業支援金・給付金】
https://www.mhlw.go.jp/stf/kyugyoshienkin.html

（注）　中小企業の範囲（①または②の条件を満たす企業）

産業分類	①資本金の額・出資の総額	②常時雇用する労働者の数
小売業 （飲食店を含む）	5,000万円以下	50人以下
サービス業	5,000万円以下	100人以下
卸売業	１億円以下	100人以下
その他の業種	３億円以下	300人以下

対象労働者及び対象となる休業

対象労働者は、令和2年4月1日から12月31日までの間に会社の指示により休業をした中小企業の労働者のうち、賃金（休業手当）を受けていない労働者です。

雇用保険に加入していないパートやアルバイトも対象とされ、外国人の方も対象となります。

対象となる休業は、令和2年4月1日から12月31日までの間で、会社の指示により所定労働日に労働者が休業したものをいい、労働者本人の事情による休みや年次有給休暇、育児や介護による休業などは支援金・給付金の対象となる休業には当たりません。

申請にあたっては、会社が労働者を休業させており、休業手当を支払っていないことを証明する必要があります。会社が証明しない場合でも、労働者はその旨を記載して申請をすることはできますが、その場合には労働局から会社に対して報告が求められ、会社からの回答があるまでは審査が止まってしまうため、支給開始までに時間を要することになります。

支援金・給付金の額の計算

支援金・給付金の額は、休業前賃金日額の8割に休業期間の日数を掛けて算出します。休業前賃金日額は原則として、休業前6か月のうち任意の3か月の賃金を選び、その賃金合計を90で除して算定し、日額の上限額は11,000円となります。

賃金額の証明は、賃金台帳や給与明細書で行います。それらの書類がない場合には給与振込通帳でも可能ですが、この場合には社会保険料や所得税、その他金額の控除後の金額で算定することになりますので、休業前賃金日額が賃金台帳や給与明細書の金額で算出した場合よりも低くなる可能性がありますので注意してください。

次に、休業期間の日数は、申請対象となる期間の暦日数から実際に就労した日数や労働者本人の事情による休みや年次有給休暇、育児や介護による休業などに該当する日数を差し引いて算出します。

雇用調整助成金支給との関係

繰り返しになりますが、支援金・給付金は事業主の指示により休業しており、賃金（休業手当）を受けることができない労働者の生活の安定及び保護の観点から、労働者の直接申請も可能な制度として創設されたものです。

一方、使用者の責めに帰すべき事由により労働者を休業させた場合には、労働基準法上、会社は休業手当の支払義務が生じることとなり、支援金・給付金の支払いにより、休業手当の支払義務が免除されるものではありません。こうしたことも踏まえ、まずは雇用調整助成金の活用を検討し、雇用維持を図る努力をする必要があります。

なお、この支援金・給付金の受給が不正と判断された場合には、労働者に対して、支給を受けた額に加えてその額の２倍までの額（合計して、最大で支給を受けた額の３倍の額）と年３％のペナルティーが課されます。また、事業主や関係者が故意に偽りの証明等をしたために不正受給が行われた場合には、連帯責任として支給を受けた労働者と事業主に上記の額を納付するよう求められ、悪質なケースではその名称等を公表されることもありますので注意してください。

発展編 ☆☆☆

9 業務多忙・感染リスクを踏まえたコロナ禍対応に報いるための一時金支給

Summary（要約）

1　コロナ禍対応に報いるために特別に支給する一時金であっても「賃金」であり、位置付けを明確にしておかないと法的トラブルの原因になる。

2　いわゆる「同一労働同一賃金」との兼ね合いにも留意する必要がある。

一時金支給による社員のモチベーションアップの重要性

業種・業態によっては、コロナ禍によって、業務多忙になることがあります。

会社にとっては、売上増加のメリットにつながりますが、社員にとってはデメリットをもたらすこともあります。例えば、通販会社では、多くの人が外出自粛することにより、売上げが大幅に増加することになり、通常より、受注業務・発注業務や梱包業務が増大し、各社員が担当する業務量や労働時間の増大につながります。

また、スーパーでは、通常より、買い物客が増え、売上げも増加しますが、混雑による「密」等の感染リスクの増大、衛生用品の品切れに対するお客さんからのクレームが増加して、高ストレスな業務の増加も考えられます。

そのため、一時金を支給することによって、社員のモチベーションアップを図るという経営判断は重要です。

特別に支給する一時金も「賃金」であり、位置付けを明確にしておかないと法的トラブルの原因になる

コロナ禍対応のため、特別に支給する一時金であっても、賃金です（労基法11）。そのため、通常の賃金と区別せずに支払ってしまうと、割増賃金（残業代）の算定基礎、例えば2割5分増しのベース部分に含まれることになります。したがって、あらかじめ、どのような条件で、いくら支給するか、明確にした上で支払う必要があります。加えて、「○○手当」といった通常の賃金とは異なることがすぐにわかる名称を付して、給与明細にもその旨を明記しておけば、疑義が生じることはないでしょう。

ちなみに、「臨時に支払われた賃金」(臨時的・突発的事由に基づいて支払われたもの及び結婚手当等支給条件はあらかじめ確定されているが、支給事由の発生が不確定であり、かつ、非常に稀に発生するもの)、「1か月を超える期間ごとに支払われる賃金」(賞与や1か月を超える期間についての精勤手当、勤続手当、能率手当など)であれば、割増賃金の算定基礎には含まれませんので、支給条件を決める際の参考にしてください。

いわゆる「同一労働同一賃金」との兼ね合いにも留意する必要がある

いわゆる「同一労働同一賃金」とは、正社員(無期雇用のフルタイム労働者)と非正規社員(有期雇用社員、パートタイム労働者、派遣労働者)との間の不合理な待遇差の解消を目指すものです。具体的には、法律(短時間労働者及び有期雇用労働者の雇用管理の改善等に関する法律(令和2年4月施行))において、不合理な待遇の禁止、差別的取扱いの禁止に関する規定があるほか、その法律に基づいて、厚生労働大臣が「同一労働同一賃金ガイドライン」(短時間・有期雇用労働者及び派遣労働者に対する不合理な待遇の禁止等に関する指針(巻末資料4))を定めています。

一時金支給も待遇に含まれますから、正社員と非正規社員との間の不合理な待遇の差異、差別的取扱いがあれば、法律違反になります。

そして、上述した一時金支給の趣旨・目的は、コロナ禍対応のため、業務多忙、感染リスクを踏まえた給付ですから、正社員だけに当てはまるものであれば正社員に対してだけ支給すれば良いですが、非正規社員にも当てはまるのであれば非正規社員にも支給する必要があります。

もちろん、支給額については、趣旨・目的との関係で差をつけることが適切な場合もありますので、具体的な状況に応じて決めれば良いでしょう。

➡ 正社員・非正規社員の区別による処遇の差異(「同一労働同一賃金」問題)については、本章第3節「発展編☆☆☆」⑪を参照

10 副業・兼業許可による社員の収入減対策と留意点

Summary（要約）

1　コロナ禍において、業種・業態によって、業務所要が大きく異なる。業務所要の大幅な減少のため、社員に休業を命じたり、ワークシェアリングを実施する場合、社員の収入減になるため、その対策として副業・兼業許可がある。

2　副業・兼業を許可する場合、副業・兼業との間の労働時間の通算、長時間労働防止、秘密保持義務の徹底（同業他社での副業・兼業の禁止を含む）に留意する必要がある。

副業・兼業許可による社員の収入減対策

会社は、コロナ禍において、外出自粛などにより、一時的に業務所要が大幅に減少する場合、社員に対して休業を命じたり、ワークシェアリングを実施することがあります。

社員に休業を命じる場合、賃金の支払いを要する場合、休業手当の支払いを要する場合、いずれの支払いも要しない場合がありますが、賃金の支払いを要する場合の他は、社員の収入減になります。

➡ 休業時の賃金・休業手当支払いの要否については、本章第3節「基礎編☆」1を参照

また、ワークシェアリングを実施すれば、会社が減少分を補塡しない限り、社員の収入減になります。

➡ ワークシェアリングについては、本章第2節「応用編☆☆」3を参照

労働時間の通算・長時間労働の防止

副業・兼業の場合、社員を使う会社（使用者）は異なりますが、そのような場合であっても、実務上、労働時間は通算しなければいけないと解されています（労基法38①）。

仮に、副業・兼業の労働時間と自社での労働時間を通算した結果、法定労働時間を超過

する場合には、超過した時間について労働させた会社（使用者）が割増賃金（残業代）を支払う義務を負います。

また、残業時間の上限規制も導入されましたので、残業代を支払った場合であっても、上限を超えて社員を働かせたときには法律違反になります（労基法36⑤⑥）。

ところで、会社は、社員の労働時間を適正に把握する義務を負っています（安衛法66の8の3）。副業・兼業の場合、他社での労働時間の把握は困難ですから、実務上、社員の申告により把握することになるでしょう。そのため、副業・兼業許可の条件として、他社における労働時間を正確に申告するよう求めるべきでしょう。

「New Normal」でも押さえておきたい基礎知識

残業時間の上限規制の概要（大企業：令和元年4月より、中小企業：令和2年4月より施行）

1　時間外労働の上限は原則として月45時間・年360時間となり、臨時的な特別の事情がなければこれを超えることができません。

2　臨時的な特別の事情があって労使が合意する場合（特別条項）でも、以下を守らなければなりません。

① 時間外労働が年720時間以内

② 時間外労働と休日労働の合計が月100時間未満

③ 時間外労働と休日労働の合計について、「2か月平均」「3か月平均」「4か月平均」「5か月平均」「6か月平均」がすべて1月当たり80時間以内

④ 時間外労働が月45時間を超えることができるのは、年6か月が限度

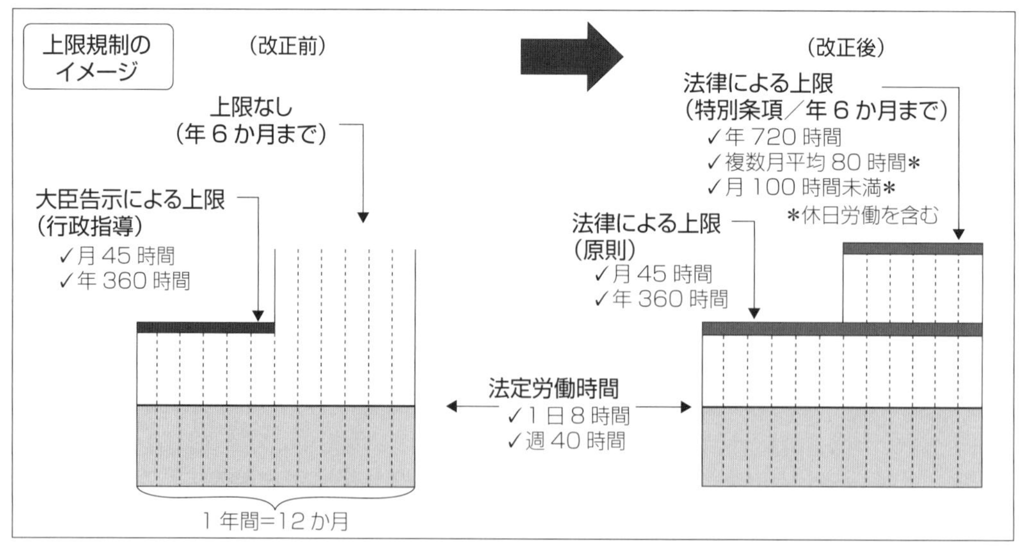

（出所：厚生労働省「働き方改革支援サイト—支援のご案内（時間外労働の上限規制）」より）

秘密保持義務の徹底
（同業他社での副業・兼業の禁止を含む）

副業・兼業を許可する際、社員が会社の秘密を漏洩したり、その秘密を用いて他社での業務を行わないことを誓約させるなど、秘密保持義務の徹底を図る必要があります。また、同業他社での副業・兼業については、禁止するほうが良いでしょう（次ページ書式６「秘密保持誓約書」、書式７「競業避止誓約書」）。

最重要ポイント

社員が副業・兼業している場合、会社は、副業先・兼業先の会社における社員の労働についても、法律上の影響を受けるため、所要の管理を行う必要がある。

【書式6：副業・兼業許可時―秘密保持誓約書】

株式会社○○
代表取締役　○○○○　殿

秘密保持に関する誓約書(副業・兼業時)

私は、令和○年○月○日付で貴社から副業・兼業を許可されるにあたり、下記の秘密保持に関する事項を遵守することを誓約いたします。

記

1　在職中に知り得た会社の技術上・営業上の情報等、会社に属する情報の一切について、会社の業務遂行のために保存・保持しており、会社の業務遂行にあたり合理的に必要な範囲を超えた利用を一切行わず、また、第三者に開示・漏洩しないことを誓約します。

2　前項の情報について、以下を含むことを確認しました。
①　会社において、機密、秘密として指定されている情報
②　社会通念上、第三者に開示・漏洩しても問題ないことが明白である情報以外の会社に関連する情報（会社の商品・サービスの価格・原価に関する情報、会社で利用されているノウハウ等に関する情報、顧客・取引先及び取引内容ならびにこれらの取引予定に関する情報、○○○を含む）
③　個人情報（個人の氏名、生年月日その他の記述等により特定の個人を識別することができるもの（他の情報と容易に照合することができ、それにより特定の個人を識別することができることとなるものを含む））

令和　　年　　月　　日

所　属：
氏　名　　　　　　　　　㊞

注：記載内容は例示であり、実態に即して記載すること。

【書式7：副業・兼業時―競業避止誓約書】

株式会社○○
代表取締役　○○○○　殿

競業避止に関する誓約書(副業・兼業時)

私は、令和○年○月○日付で貴社から副業・兼業を許可されるにあたり、下記の競業避止に関する事項を遵守することを誓約いたします。

記

1　許可を受けた副業・兼業について、次のいずれにも該当しないことを誓約します。
①　○○の地域において、同業他社への就職、同業他社の役員への就任その他形態の如何を問わず同業他社に関与すること

② ○○の地域において、同種の事業を開業すること、または、同業他社を設立すること

2　今後、異なる副業・兼業を行う場合には、前項①②のいずれにも該当しないようにすること、開始前に会社の許可を申請することを誓約します。

3　第1項及び前項の誓約を遵守しなかった場合には、副業・兼業により得られた利益の額を会社が被った損害として、会社に対して全額賠償することを約束いたします。ただし、会社の被った損害が私の得た利益の額を上回る場合には、会社の被った損害の全額を賠償することを約束いたします。

令和　　年　　月　　日

所　属：

氏　名　　　　　　　　㊞

注: 記載内容は例示であり、実態に即して記載すること。

11 正社員・非正規社員の区別による処遇の差異（いわゆる「同一労働同一賃金」の問題）

Summary（要約）

1　いわゆる「同一労働同一賃金」とは、正社員（無期雇用のフルタイム労働者）と非正規社員（有期雇用社員、パートタイム労働者、派遣労働者）との間の不合理な待遇差の解消を目指すものであり、賃金に限定せず、広く処遇一般を対象としている。

2　法律上、不合理な待遇の禁止、差別的取扱いの禁止に関する規定がある。

3　テレワークを認める対象、休業時の賃金・休業手当の支払いの有無、テレワーク実施費用の負担、コロナ禍対応に報いるための一時金の支給についても、留意しなければならない。

4　実務上、「同一労働同一賃金ガイドライン」を参照することになるが、理解が容易ではない記載もあり、注意が必要である。

法律とガイドライン

「短時間労働者及び有期雇用労働者の雇用管理の改善等に関する法律」において、不合理な待遇の禁止（同法８）、差別的取扱いの禁止（同法９）が定められています。

その法律に基づいて、厚生労働大臣が「同一労働同一賃金ガイドライン」（短時間・有期雇用労働者及び派遣労働者に対する不合理な待遇の禁止等に関する指針）を定めています（⇨巻末資料４参照）。

均衡待遇と均等待遇

いわゆる「同一労働同一賃金」は、均衡待遇と均等待遇の２つの考え方から成り立っています。

均衡待遇とは、ある待遇について、その待遇の性質と待遇を行う目的に照らして、①業務の内容、②責任の程度、③配置変更の範囲（人材活用の仕組み）、④その他の事情、のうち適切と認められる判断要素を考慮して、**正社員と非正規社員との間に不合理な差異が**

あってはならない、というものです。

均等待遇とは、非正規社員について、均衡待遇で挙げた①〜④の判断要素のうち、①と②が正社員と同じであり、かつ、「雇用関係が終了するまでの全期間において」①〜③が正社員と同じと見込まれる場合には、**待遇に差異を設けてはならない**、というものです。

単に「正社員だから」「非正規社員だから」では、待遇に差異を設ける根拠にならないことはもちろんですが、「将来の役割期待が異なるから」という主観的・抽象的な理由についても、待遇の差異の根拠にならないとされています。

なお、均等待遇については、「雇用期間が終了するまでの全期間において」①〜③が正社員と同じという要件がありますが、このような社員を敢えて非正規社員にしておく必要性は高くないですから、主として、均衡待遇に留意しておけば良いでしょう。

対象となる待遇の範囲

均衡待遇の対象となる「待遇」に制限はありません。したがって、テレワークを認める対象、休業時の賃金・休業手当の支払いの有無、テレワーク実施費用の会社負担、コロナ禍対応に報いるための一時金の支給についても、留意しなければいけません。

「同一労働同一賃金ガイドライン」の基本的な構成

「同一労働同一賃金ガイドライン」は、正社員（無期雇用フルタイム社員）と非正規社員（パートタイム社員・有期雇用社員・派遣社員）との間で、待遇差が存在する場合に、いかなる待遇差が不合理なものであり、いかなる待遇差は不合理なものでないのか、原則となる考え方と具体例を示したものです（次ページのイメージ図を参照）。

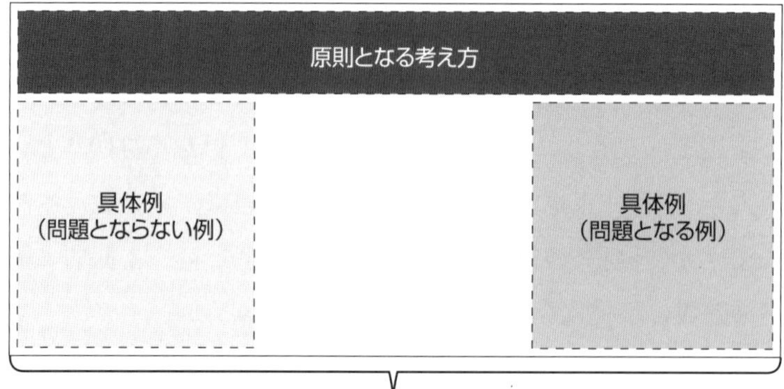

（出所：厚生労働省「『同一労働同一賃金ガイドライン』の概要①」より）

〈「同一労働同一賃金ガイドライン」の具体例（抜粋）〉

○「**業務の危険度又は作業環境に応じて支給される特殊作業手当**」

通常の労働者と同一の危険度又は作業環境の業務に従事する短時間・有期雇用労働者には、通常の労働者と同一の特殊作業手当を支給しなければならない。

○「**深夜労働又は休日労働に対して支給される手当**」

通常の労働者と同一の深夜労働又は休日労働を行った短時間・有期雇用労働者には、通常の労働者と同一の割増率等で、深夜労働又は休日労働に対して支給される手当を支給しなければならない。

（問題とならない例）

A社においては、通常の労働者であるXと時間数及び職務の内容が同一の深夜労働又は休日労働を行った短時間労働者であるYに、同一の深夜労働又は休日労働に対して支給される手当を支給している。

（問題となる例）

A社においては、通常の労働者であるXと時間数及び職務の内容が同一の深夜労働又は休日労働を行った短時間労働者であるYに、深夜労働又は休日労働以外の労働時間が短いことから、深夜労働又は休日労働に対して支給される手当の単価を通常の労働者より低く設定している。

（出所：資料4「同一労働同一賃金ガイドライン」（厚生労働省）より）

「同一労働同一賃金ガイドライン」の解釈は容易ではない

上記抜粋では、冒頭に「深夜労働又は休日労働に対して支給される手当」について、正社員と非正規社員との間の差異に関する基本的な考え方として、正社員と非正規社員との間で手当の「割増率等」に差異を設けてはいけない、と述べられています。

その上で、「問題とならない例」として、同一の手当を支給している例、「問題となる例」として、正社員に比して非正規社員の手当の単価を低く設定している例を挙げています。

基本的考え方において「割増率等」に差異を設けてはならないとしつつ、具体例では「単価」に差異があるのはダメ、と述べているわけですから、考え方と具体例との間に飛躍があるように思われますし、少なくとも理解が容易ではないといえるでしょう。

コロナ禍対応にかかる待遇について、留意すべき点

テレワークを認める対象、休業時の賃金・休業手当の支払いの有無、テレワーク実施費用の負担、コロナ禍対応に報いるための一時金の支給、これらいずれについても、次の点に留意しつつ、正社員と非正規社員の待遇を決めるべきでしょう。

待　遇	検討要素	正社員	非正規社員	差異の有無
テレワークを認める対象	必要性 (感染リスクの回避)	あり	あり	なし
	許容性 (テレワーク可能性)	業務による	業務による	なし
賃金・休業手当の支払い	必要性 (収入減の回避)	あり	あり	なし
	必要性(「使用者の責に帰すべき事由」)	業務による	業務による	なし
テレワーク実施費用会社負担	必要性 (社員の支出抑制)	あり	あり	利用時間に応じた違いあり
一時金支給	必要性(負担増などに対する報償)	あり	あり	負担増の程度などによる違いあり

同一労働同一賃金チェックツール
「パートタイム・有期雇用労働法　対応のための取組手順」の活用

上記のとおり、会社は、「同一労働同一賃金」に基づく法的トラブルを可能な限り回避しようとする場合には、「同一労働同一賃金ガイドライン」のみならず、厚生労働省が公表している同一労働同一賃金チェックツール「パートタイム・有期雇用労働法 対応のための取組手順」を活用するなど、慎重に検討することをお勧めします（⇨巻末資料5「同一労働同一賃金チェックツール「パートタイム・有期雇用労働法 対応のための取組手順」）。

第 4 節

労務管理①:
オフィスにおける感染防止策

基 礎 編 ☆

1 オフィスにおける感染防止策

Summary（要約）

1　新型コロナウイルス感染予防対策方針を策定し周知すること。

2　マスク着用、検温、手洗い・消毒を義務的にして、必要品の備蓄をしておくこと。

会社としての新型コロナウイルス感染予防対策方針を定めて、これをパート、アルバイト等を含めて広く社員等に通知することが大事なことです。

まずは社員本人への注意喚起、職場での感染予防対策方針の徹底、会社の感染予防の体制と対策品の備蓄の 3 本柱を検討すべきです。

社員への注意喚起

飛沫による感染、接触による感染が最も危険な感染経路といわれています。

風邪やインフルエンザ対策と同様に、マスク着用や咳エチケット、手指の石鹸での手洗い・うがい・アルコール液での消毒などの基本的な感染対策をとるよう促します。

これと併せて、日々体温測定を行い、平熱より発熱している場合及び発熱の有無にかかわらず体調が悪い場合などは、無理に出勤せずに会社に連絡し、休養することなどを通知します。

これらの通知の社員への伝達方法は、紙媒体による掲示や配布等の方法、社内SNSによる方法などどれでも良いですが、共有された情報の修正等がされない方法にすべきでしょう（社内通知については書式8を参照）。

オフィス内での感染予防対策方針

社員の不安を解消する手立てとして、社員個人への感染注意喚起だけではなく、社内（オフィス内・社内施設内）における感染予防対策を講じて社内に公表し伝達する必要があります。

社員のみならず、取引先等外来者なども多く訪れるオフィス環境もありますので、不特定の者が触れるドアノブ、手すり、打合せ場所・会議室、などを定期的に消毒することと、部屋の換気を励行し定期的に換気することが欠かせません。

そして、飛沫感染予防のマスク着用とあわせて、ソーシャルディスタンスといわれているように、オフィス内においても人と人との物理的距離をとるために対策が求められます。

例えば、次のような対策を実施することが考えられます。

① 狭い休憩室等の人数制限、もしくは利用の制限をする

② 対面での打合せや会議での人との間隔を２m以上とるか、テレビ会議等リモートアクセスを利用する

③ 執務中には人と人との間隔を２m以上にできるよう、机の配置の間隔を広げるなどオフィスのレイアウトを変更する

④ 内部研修は飛沫対策（換気を含めて）、ソーシャルディスタンス等の対策が困難な場合は、テレビ会議等を利用するか、延期か中止する

⑤ オフィス内での懇親会等は行わない

⑥ 社員の個々の専用の机がなく、フリーな着席場所で仕事をすることを再検討すること

検温やマスク着用等を社員の義務とすることができるか

会社が感染対策方針として、社員個人の感染予防の注意を喚起し、オフィス内の感染予防対策方針を社内周知しても、現に有効に実施されなければ意味がないものになり、感染拡大につながってしまう恐れもあります。

令和２年３月14日に、新型インフルエンザ等対策特別措置法が改正施行され（以下、改

正法といいます)、新型コロナウイルス感染症が新型インフルエンザ等とみなされることとなりました。

改正法（同法4②）では「事業者は、新型インフルエンザ等のまん延により生ずる影響を考慮し、その事業の実施に関し、適切な措置を講ずるよう努めなければならない。」としています。

これは会社が感染予防対策方針を定める必要がある法的意味にもなります。

社員の感染予防のために、マスク着用を促し、石鹸での手洗いやアルコール消毒を促し、検温を促すことは、社員の自宅のみでの行為ではなく、オフィス内でもマスク、石鹸、アルコール消毒液等の利用ができるための備蓄は必要なことです。

感染予防の必要品の備えとともに、例えば、発熱等の症状があっても業務に支障がないので仕事を続けるという社員について、会社の方針により自宅待機を指示したり、早退させる場合も、会社には社員に対する安全配慮義務と、他の社員への感染リスクを回避させるべき安全配慮義務があるからと考えられます。

改正法により会社に措置を講じる義務があり、感染防止の観点で正当・合理的な安全配慮義務の履行であり、かつ、会社の指揮命令としても有効なこととして、社員にマスク着用、手洗い、検温等の実施を義務付けられるものと思います（参考図書「職域のための新型コロナウイルス感染症対策ガイド」一般社団法人日本渡航医学会、公益社団法人日本産業衛生学会)。

最重要ポイント

感染予防対策方針の策定は、会社の措置として周知し、その実施を徹底すること。

「New Normal」でも押さえておきたい基礎知識

安全配慮義務と報連相

新型コロナウイルス感染対策のみならず、会社は社員の安全配慮義務を負っています。注意すべきは、特定の社員の優遇措置など、正当な理由がなく社員の差別的取扱いにならないことです。

また、感染者・濃厚接触者が発生した場合の、報告・連絡・相談の体制（誰が、いつ、どこに、どのように対応するか）を平常時に確認しておきましょう。

【書式８：オフィス内ルール―社内周知文の例】

令和２年○月○日

○○部○○課

新型コロナウイルス感染症に関する社内対応について（通知）

現在、国内外を問わず新型コロナウイルス感染の拡大がみられるため、社内外における感染拡大抑止と勤務する従業員の安全確保の観点から、下記のとおり当社としての対応方針を通知いたします。

なお、この通知は令和２年○月○日から○月間の措置としますが、新型コロナウイルス感染の状況により延長することもあります。

記

１．健康管理の励行

咳エチケットや手洗い・うがい・アルコール消毒・次亜塩素酸消毒を徹底すること。特に朝起きたら自宅で体温測定をすること。37度以上の高熱があった場合、または高熱でなくても体調不良の場合は無理をせずに休養すること。

２．感染防止のための勤務形態

業務に支障のない範囲内での実施、上長へ事前相談と承認を得ること

⑴　在宅勤務

業務内容的に可能と上長が判断した場合、ならびに情報通信環境が準備できた場合とし、事前に在宅勤務申請書及びPC等借入申請書を上長に提出し承認をとること。

⑵　時差出勤

上長承認のもと、業務に支障のない範囲で時差出勤制とし、混雑した公共交通機関の利用を調整する。

①　勤務時間：6：00～22：00の間の８時間とする。

②　１日の勤務時間が８時間に満たない場合は、当該不足時間分を賃金（通勤費を除く。）控除する。

③　時差出勤開始予定日から１週間単位での予定につき上長に事前承認を得ること、所属部署内でも情報共有すること。

⑶　休日シフト制

・感染防止のために、上長の承認のもと所定休日の土日に出勤し、その休日は翌週平日に振替とする。この場合は、各部署内の出勤態勢が業務に支障をきたさないことを前提とする。

３．会議など

⑴　原則として○○名以上の社内会議をしないこと。

・できるだけリモートでの会議を行うこと

・会議等ではスペースに余裕を持ち、お互いの距離を２メートル程度あけること

・マスク着用とともに近距離での会話や発声に注意すること

⑵　不要不急のセミナー等への参加及び開催を自粛すること。

⑶　不要不急の外出（出張含む）は自粛すること。

⑷　宴会等を自粛すること。

４．その他

⑴　日常的な手洗い、外出時のマスク着用、咳エチケットを励行すること。

(2) 身近に感染者または濃厚接触者と認定された者がいる場合は、その旨を上長に報告の上、保健所等の指示に従い、その許可を得るまで在宅勤務もしくは自宅待機すること。
(3) 従業員で感染者が出た場合は、保健所に通報の上、消毒等の手配を行うとともに、会社の指示する期間、所属部署またはフロア単位で出社禁止とする。
(4) 消毒・換気をこまめに実施すること。

以　上

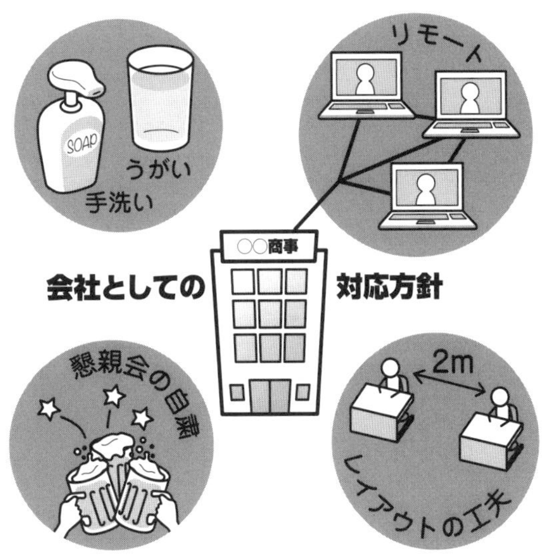

第5節

労務管理②:テレワーク

基礎編☆

1 テレワーク労務管理の基本

Summary(要約)

1 テレワークであっても、労働基準法をはじめとする労働関連の法律の適用を受け、就業規則の整備も必要である。

2 自宅勤務でも、原則、労働時間の管理が必要である。

3 テレワーク関連費用の負担についても、あらかじめ決めておく必要がある。

テレワークとその意義

「テレワーク」とは、情報通信技術(ICT)を活用した、場所にとらわれない柔軟な働き方のことです(「tele=離れた所」と「work=働く」を合わせた造語)。

そして、テレワークは、働く場所によって、自宅利用型テレワーク(在宅勤務)、モバイルワーク(移動中や出張先など)、施設利用型テレワーク(サテライトオフィス勤務など)の3つに分類されます。

このように場所にとらわれない柔軟な働き方を可能とすることによって、コロナ禍対応としての意義のみならず、「社員の育児や介護による離職を防ぐ」「遠隔地の優秀な人材を雇用する」「災害時に事業を継続しやすくする」などのメリットがあり、新しい時代の会社のあり方、働き方のあり方の一つとして、導入を前向きに検討したほうが良いでしょう。

テレワークであっても、労働基準法をはじめとする労働関連の法律の適用を受ける

会社は、社員を労働者として雇用している以上、就業場所を社員の自宅を含むオフィス以外とする場合であっても、労働基準法をはじめとする労働関連の法律を遵守する必要があります。

テレワークを実施する場合、就業規則の整備も必要である

テレワークを実施する場合、就業規則の整備も必要です。就業規則は、常時10人以上の社員を雇用している事業場において作成して、労働基準監督署に届ける必要がありますから、例えば、所属する社員が10人未満の本社・支社において、テレワークを実施する場合には就業規則の整備は法律上の義務ではありません。

ただし、雇用契約によらずに社員に遵守してもらうべき事項をルール化する場合には、就業規則を整備する必要があります。全社員を完全にテレワークにする場合は別ですが、従来どおりのオフィスでの勤務も併用する場合には、就業規則でオフィスでの勤務に関する規定を定めておいて、テレワークについては、わかりやすさの観点から「テレワーク勤務規程」など就業規則と一体となる別規程を整備するといった対応が現実的でしょう。

自宅勤務でも、原則、労働時間の管理が必要である

上記のとおり、テレワークであっても労働基準法の適用を受けますから、会社は、オフィスにおける場合と同様、原則、テレワーク勤務の社員の労働時間を管理する必要があります。加えて、会社は、労働安全衛生法において、社員の健康管理の観点から労働時間を把握する義務を負っており、管理監督者など労働基準法では労働時間管理が不要な社員も対象に含まれます。

最重要ポイント

テレワーク関連費用の負担についても、あらかじめ決めておく必要がある。

➡ テレワーク関連費用の負担については、本章第3節「基礎編☆」③を参照

2　労働時間の管理方法

Summary（要約）

1　労働時間とは、会社の指揮命令下に置かれている時間のことであり、会社の明示または黙示の指示により社員が業務に従事する時間は労働時間に当たる。そのため、雇用契約で定められている始業時刻及び終業時刻と休憩時間によって労働時間が決まるわけではなく、「実態」に即して客観的に判断される。

2　労働時間の適正な管理のあり方を理解するにあたり、厚生労働省が公表する「労働時間の適正な把握のために使用者が講ずべき措置に関するガイドライン」を参照すると良い。

3　テレワークにおける労働時間管理上の問題点については、厚生労働省が公表している「情報通信技術を利用した事業場外勤務の適切な導入及び実施のためのガイドライン」や「テレワーク導入のための労務管理等Q&A集」を参照すべきである。

労働時間とその適正な管理

「労働時間」とは、会社の指揮命令下に置かれている時間のことをいい、会社の明示または黙示の指示により社員が業務に従事する時間は労働時間に当たります。そのため、雇用契約上、始業時刻及び終業時刻と休憩時間が定められている場合であっても、それによって労働時間が決まるわけではなく、「実態」に即して客観的に判断されます。客観的に見て会社の指揮命令下に置かれていると評価されるかどうかは、社員の行為が会社から義務付けられ、またはこれを余儀なくされていた等の状況の有無等から、個別具体的に判断されます。

そして、次の点を踏まえると、会社にとって、労働時間の適正な管理は非常に重要です。

・会社は、原則として社員を１日８時間、１週40時間を超えて労働させることはできないこと（労基法32「法定労働時間」）

・会社は社員の労働時間を把握する義務を負っていること（安衛法66の８の３）

・過剰な長時間労働は社員の健康を損なう恐れが高く、会社はそれにより社員に発生し

た損害を賠償する責任を負う可能性が高いこと

・会社は、社員の賃金を労働時間に基づいて算定する場合が多く、その場合には不適正な労働時間の管理により賃金の未払いが発生すること（特に、未払残業代）

労働時間の適正な把握のために使用者が講ずべき措置に関するガイドライン

労働時間の適正な管理については、厚生労働省が公表する「労働時間の適正な把握のために使用者が講ずべき措置に関するガイドライン」（以下「労働時間ガイドライン」といいます）を参照すると良いでしょう。

労働時間ガイドラインでは、労働時間の適正な把握のために会社が講ずべき措置として、①始業・終業時刻の確認及び記録について、社員の労働日ごとに行うこと、②始業・終業時刻の確認及び記録する方法について、原則として、ア）会社が自ら現認することにより確認し、適正に記録すること、イ）タイムカード、ICカード、パソコンの使用時間の記録等の客観的な記録を基礎として確認し、適正に記録すること、の２つの方法のいずれかの方法によること、③自己申告制によらざるを得ない場合には、所要の措置を講ずること、を挙げています。

テレワークにおける労働時間管理に限らず、労働時間の適正な管理のあり方を理解するのに役立ちます（⇨巻末資料６「労働時間の適正な把握のために使用者が講ずべき措置に関するガイドライン」）。

テレワークにおける労働時間管理のポイント（その１：始業時刻及び終業時刻の把握の現実的な方法）

テレワークについては、上記労働時間ガイドラインを遵守することは容易ではありません。つまり、始業時刻及び終業時刻の把握について、ア）会社が自ら現認することにより確認し、適正に記録することはできませんし、イ）タイムカード、ICカード、パソコンの使用時間の記録等の客観的な記録を基礎として確認し、適正に記録することについても、システム上、会社が社員のパソコンの使用時間の記録を把握できる場合を除いて、実施することはできません。

上記以外の方法と自己申告制を併用するのが現実的です。つまり、厚生労働省が公表している「テレワーク導入のための労務管理等Q&A集」（以下「テレワーク労務管理QA」といいます。巻末資料3）は、始業時刻・終業時刻の報告例として、次の４つの方法を挙げた上で、特徴を説明しています。

報告方法	特　徴
Eメール	使い慣れている、業務の報告を兼ねることができる、記録の共有が容易
電話	使い慣れている、時間がかからない、コミュニケーションを兼ねることができる
勤怠管理ツール	Eメール、電話等の個別報告が不要、大人数を管理しやすい、記録の共有が容易
業務中、常時通信可能な状態にする	Eメール、電話等の個別報告が不要

（出所：資料3「テレワーク導入のための労務管理等Q&A集」（厚生労働省）より）

上記の方法の特徴と会社の状況を踏まえて、その中から、より適切なものを選択した上で、自己申告制を併用することになります。

自己申告制については、後述する「業務の成果とプロセスの適正な評価」（⇨本章第５節「応用編☆☆」8を参照）の実施と兼ねて、「テレワーク業務報告書」を使用すると良いでしょう。

また、労働時間ガイドラインは、自己申告制において講ずべき措置を挙げています。テレワークに則して要点を整理すると、次のとおりです。

〈自己申告制を実施する際の留意点〉

ア　自己申告を行う社員に対して、労働時間ガイドラインを踏まえ、労働時間の実態を正しく記録し、適正に自己申告を行うことについて十分な説明を行う。

イ　実際に労働時間を管理する者に対して、自己申告制の適正な運用を含め、本ガイドラインに従い講ずべき措置について十分な説明を行う。

ウ　自己申告により把握した労働時間が実際の労働時間と合致しているか否かについて、必要に応じて実態調査を実施し、所要の労働時間の補正をすること（特に、自己申告とその他の方法で把握した始業時刻・終業時刻との乖離が大きい場合）。

エ　会社は、社員が自己申告できる時間外労働の時間数に上限を設け、上限を超える申告を認めない等、社員による労働時間の適正な申告を阻害する措置を講じてはならない。時間外労働時間の削減のための社内通達や時間外労働手当の定額払等労働時間に係る事業場の措置が、社員の労働時間の適正な申告を阻害する要因となっていないかについて確認するとともに、当該要因となっている場合においては、改善のための措置を講ずる。三六協定を守っていない場合であっても、記録上守っているようにすることが、実際に労働時間を管理する者や社員において、慣習的に行われていないかについても確認する。

テレワークにおける労働時間管理のポイント（その２：休憩時間・中抜け時間の管理＆一斉付与の適用除外に関する労使協定・時間単位年休の導入要件）

テレワークでは、育児介護の併用や子供の送迎など、社員の個人的事情により、業務を中断する必要が生じる場合も多いでしょう。会社にとっても、柔軟な働き方を実現することにより、多様な人材を活用できるというメリットもあります。

そのため、休憩時間・中抜け時間について、社員が個人的事情も踏まえて確保できるよう柔軟性を確保した上で、適正に管理する方法を導入することも考えられます。

まず、前提として、休憩時間の一斉付与の適用除外に関する労使協定が必要になります（労基法34②）（**書式11**「休憩時間の一斉付与の適用除外に関する労使協定書」）。

休憩時間に加えて、時間単位の年次有給休暇の活用も有用でしょう。導入の要件を以下に整理します。

⑴　就業規則への記載

時間単位の年次有給休暇制度（以下「時間単位年休」という）を導入する場合には、就業規則に年次有給休暇の時間単位での付与について定めることが必要です。

【書式９：年休の時間単位付与に関する就業規則条項】

（年次有給休暇の時間単位での付与）

第○条　労使協定に基づき、前条の年次有給休暇の日数のうち、１年について５日の範囲内で、次により時間単位の年次有給休暇(以下｢時間単位年休」という。）を付与する。

⑴　時間単位年休付与の対象者は、すべての従業員とする。

⑵　時間単位年休を取得する場合の、１日の年次有給休暇に相当する時間数は、８時間とする。

⑶　時間単位年休は１時間単位で付与する。

⑷　本条の時間単位年休に支払われる賃金額は、所定労働時間労働した場合に支払われる通常の賃金の１時間当たりの額に、取得した時間単位年休の時間数を乗じた額とする。

⑸　上記以外の事項については、前条の年次有給休暇と同様とする。

注：記載内容は例示であり、実態に即して記載すること。

⑵　労使協定の締結

就業規則の定めるところにより、労働者の過半数で組織する労働組合または労働者の過半数を代表する者との間で、書面による協定（労使協定）を締結する必要があります（この労使協定は労働基準監督署への届出は不要）。

【書式10：年休の時間単位付与に関する労使協定書】

年休の時間単位付与に関する労使協定

（対象者）
第１条　すべての従業員を対象とする。
（日数の上限）
第２条　年次有給休暇を時間単位で取得することができる日数は５日以内とする。
（１日分年次有給休暇に相当する時間単位年休）
第３条　年次有給休暇を時間単位で取得する場合は、１日の年次有給休暇に相当する時間数を８時間とする。
（取得単位）
第４条　年次有給休暇を時間単位で取得する場合は、１時間単位で取得するものとする。

使用者職氏名　株式会社○○
　代表取締役　○○○○　印
労働者代表　株式会社○○
　従業員代表　○○○○　印

注：記載内容は例示であり、実態に即して記載すること。

【書式11：休憩時間の一斉付与の適用除外に関する労使協定書】

休憩時間の一斉付与の適用除外に関する労使協定書

株式会社○○　と　労働者代表　○○○○　は、休憩時間について、下記のとおり協定する。

記

1　テレワークを実施する社員については、各人ごとに、休憩時間を与えるものとする。
2　各自の休憩時間は、次に定めるいずれかの方法により決定する。
　①　会社が指定する上司との協議により、あらかじめ決定する。
　②　育児・介護などの合理的理由により、①の方法により決定できない場合、別途提出する業務管理表に記載する方法により会社が指定する上司に報告して、事後承諾を得る。

3　本協定は令和　　年　　月　　日から効力を発する。

使用者職氏名　株式会社○○
　代表取締役　○○○○　印
労働者代表　株式会社○○
　従業員代表　○○○○　印

注：記載内容は例示であり、実態に即して記載すること。

また、社員の個別的事情によっては、始業時刻・終業時刻の繰り上げ・繰り下げに応ずることも考えられます。ただし、その場合であっても、あらかじめ上司の承認を得るなど、ルールを定めた上で、徹底することが重要です。

その上で、休憩時間・中抜け時間を適正に管理するため、テレワーク労務管理QAを踏まえ、上述した始業時刻・終業時刻と同様の方法による報告をルール化するほか、①就業時間中はいつでも電話連絡ができる状態にすることをルール化したり、②実際に労働時間を管理する者が社員のパソコン画面を遠隔で閲覧できるシステムの導入、③プレゼンス管理ツールなどの導入も考えられます（⇨巻末資料３「テレワーク導入のための労務管理等Q&A集」Q2-3も参照）。

テレワークにおける労働時間管理のポイント（その３：業務と雑談の区別）

テレワークでは、オフィスにおける勤務と異なり、上司・同僚との業務外を含めたコミュニケーションを図ることが容易ではありません。特にコロナ禍におけるテレワークについては自宅勤務等で長期間上司・同僚と会うことがありません。業務外を含めたコミュニケーションが社員のモチベーションや、円滑な業務遂行に資することもありますので、会社として、一律に私語を禁じるのではなく、敢えて、私語用のチャットを設けるなどすることも一案です。

ただし、その場合には、休憩時間に含めるルールを定めて、徹底する必要があります。

3 「事業場外みなし労働時間制」の適用

Summary（要約）

1　会社の具体的な指揮監督が及ばず、労働時間を算定することが困難なときは、「事業場外みなし労働時間制」が適用される。

2　「事業場外みなし労働時間制」が適用される場合、原則として、所定労働時間を労働したものとみなされることになり、残業は発生しない。

3　適用の具体的条件は、①情報通信機器が、会社の指示により常時通信可能な状態に置くこととされていないこと、②随時、会社の具体的な指示に基づいて業務を行っていないこと、である。

「事業場外みなし労働時間制」とは？

テレワークにより、社員が労働時間の全部または一部について事業場外で業務に従事した場合において、会社の具体的な指揮監督が及ばず、労働時間を算定することが困難なときに適用される労働時間のみなし制度です（労基法38の２）。

原則、所定労働時間働いたものとみなされる
（残業代は発生しない）

事業場外みなし労働時間制が適用される社員は、就業規則等で定められている所定労働時間を労働したものとみなされます（労基法38の２①本文）。

ただし、業務を遂行するために、通常所定労働時間を超えて労働することが必要となる場合には、当該業務に関しては、当該業務の遂行に通常必要とされる時間を労働したものとみなされます（労基法38の２①ただし書）。この「当該業務の遂行に通常必要とされる時間」は、業務の実態を最もよくわかっている労使間で、その実態を踏まえて協議した上で決めることが適当であるため、労使協定などの書面によって定めて、労働基準監督署長へ届け出なければいけません（労基法38の２②及び③）。

また、労働時間の一部について事業場内で業務に従事した場合には、別途の取扱いが必要です。

「New Normal」でも押さえておきたい基礎知識

労働時間の一部について、事業場内で業務に従事した場合の取扱い

事業場外労働が適用される社員であっても、事業場内で労働した時間については別途把握しなければいけません。

詳細については、東京労働局が公表している「『事業場外労働に関するみなし労働時間制』の適正な運用のために」4～5ページが参考になります。

https://jsite.mhlw.go.jp/tokyo-roudoukyoku/library/tokyo-roudoukyoku/jikanka/jigyougairoudou.pdf

適用の前提（就業規則に定めること）

事業場外みなし労働時間制は、上記のとおり、労働基準法に定めがありますが、適用するためには、就業規則において、労働基準法の定めと同様の規定が必要になります。

適用の要件（「会社の具体的な指揮監督が及ばず、労働時間を算定することが困難なとき」）

「事業場外みなし労働時間制」を適用するためには、次の２要件をいずれも満たす必要があります。

要件①：情報通信機器が、会社の指示により常時通信可能な状態に置くこととされていないこと

「情報通信機器が、会社の指示により常時通信可能な状態に置くこととされていないこと」とは、情報通信機器を通じた「会社の指示（黙示の指示を含む）に即応する義務がない状態」であることです。

・「会社の指示に即応する義務がない状態」に当たる場合：

回線が接続されているだけで、社員が自由に情報通信機器から離れることや通信可能な状態を切断することが認められている場合、会社支給の携帯電話等を所持していても、社員に即応の義務が課されていないことが明らかである場合

・「会社の指示に即応する義務がない状態」に当たらない場合：

会社が社員に対して情報通信機器を用いて随時具体的指示を行うことが可能であり、

かつ、会社からの具体的な指示に備えて待機しつつ実作業を行っている状態または手待ち状態で待機している場合

なお、「情報通信機器」とは、会社が支給したものか、社員個人が所有するものか等を問わず、社員が会社と通信するために使用するパソコンやスマートフォン・携帯電話端末等を指します。

要件②：随時会社の具体的な指示に基づいて業務を行っていないこと

「具体的な指示」には、例えば、当該業務の目的、目標、期限等の基本的事項を指示することや、これら基本的事項について所要の変更の指示をすることは含まれません。

《運用上の留意点》

① 会社は、社員の健康確保の観点から、勤務状況を把握し、適正な労働時間管理を行う必要があります。

② その上で、必要に応じ、実態に合ったみなし時間となっているか労使で確認し、結果に応じて、業務量を見直したり、労働時間の実態に合わせて労使協定を締結または見直したりすることが求められます。

③ 社員がテレワークを行わず労働時間の全部を事業場内で業務に従事する日や、テレワークを行うが会社の具体的な指揮監督が及び労働時間を算定することが困難でないときについては、事業場外みなし労働時間制の適用はありません。

（⇨ 詳細については、⇨巻末**資料７**「情報通信技術を利用した事業場外勤務の適切な導入及び実施のためのガイドライン」2⑵イ(ｲ)を参照）

応用編 ☆☆

4 情報管理の徹底・情報セキュリティ

Summary（要約）

1　テレワークでは、従来と同じ方法で情報管理を行うことはできないため、新しい情報管理の方法が必要になる。

2　情報共有の容易さ、持ち運びによる紛失等のリスクを低くする観点から、業務上必要となる情報の媒体は紙ではなく電子データが良い。

3　電子データの情報セキュリティについては、①テレワーク用に導入する情報通信環境（ハード面）、②運用上のルールの徹底（ソフト面）の両面から、取り組むべきである。

！ 求められる新しい情報管理の方法

営業秘密や個人情報の漏えいが会社にもたらす多大な悪影響は明らかであり、情報管理の重要性はもはや常識です。そのため、オフィスでは、より重要度・秘匿度の高い情報については、社員に任せるのではなく、会社自身によって厳重に管理されるなどの対策が講じられているのが通常でしょう。

テレワークでは、社員は自宅等で業務を行います。会社の管理が完全に行き届くことはなく、社員の不完全な管理のもとで起こり得る営業秘密や個人情報の漏えいの悪影響を会社がコントロールすることも困難です。

そのため、テレワークでは、新しい情報管理の方法が求められます。

情報媒体は、電子データが良い
（紙媒体の情報は、重要度の高いものから順次電子データ化する）

情報共有の容易さ、持ち運びによる紛失等のリスクを低くする観点から、業務上必要となる情報の媒体は、紙ではなく電子データが良いでしょう。

そのため、既存の紙媒体の情報については、テレワークを本格化させる前に、重要度の高いものから順次、電子データ化しておくべきです。

電子データの情報セキュリティの基本的考え方

電子データの情報セキュリティについては、①テレワーク用に導入する仕組み（ハード面）、②運用上のルールの徹底（ソフト面）の両面から、取り組むべきです。

情報セキュリティ（ハード面）の確保

会社は、ハード面から情報セキュリティを確保するために、どのような情報セキュリティの特徴を兼ね備えた情報通信環境を導入するかを検討する必要があります。

例えば、社員は、テレワークで使用する情報端末（PCなど。以下「テレワーク用端末」といいます）から、オフィス内の情報端末（以下「オフィス端末」といいます）の表示をみて作業することができる方式（リモートデスクトップ方式）を導入した場合、作業はテレワーク用端末で行いますが、その作業で保存したファイルはオフィス端末に保存されるため、テレワーク用端末にデータは残りません。つまり、社員は、テレワークにあたり、テレワーク用端末のみで業務遂行に必要な情報を扱いますが、そこには情報は残りませんから、テレワーク用端末からオフィス端末へアクセスを厳重に管理すれば、情報漏えいのリスクは大幅に低下します。

具体的にどのような情報通信環境を導入するかについては、情報通信環境が有する特徴と会社の置かれた様々な状況を踏まえて判断すべきです。

また、テレワーク用端末に適用するセキュリティ対策、テレワーク用端末としてどのようなものを導入するかについては、様々な選択肢があり、情報セキュリティに影響を与える部分も多いですから、併せて検討する必要があります。

（⇨ 情報通信環境、テレワーク用端末に適用するセキュリティ対策、テレワーク用端末の詳細については、巻末資料３「テレワーク導入のための労務管理等Q＆A集」Q4-2 ～ 4-6を参照）

厚生労働省の相談窓口・補助金の活用

社内に情報通信や情報セキュリティの専門家がいる会社は、数少ないでしょう。時間がないときはやむを得ませんが、ある程度の時間があるときは不確かな知識に基づいた判断は禁物です。

そこで、厚生労働省が設置している無償の相談窓口「テレワーク相談センター」の活用も検討すべきでしょう。

また、例えば、厚生労働省の「職場意識改善助成金（テレワークコース）」といった補助金の活用により、経費負担を低減させることも重要でしょう。

（⇨ テレワーク相談センター、職場意識改善助成金（テレワークコース）の詳細については、巻末**資料3**「テレワーク導入のための労務管理等Q&A集」Q5-1 ～ 5-2を参照）

情報セキュリティ（ソフト面）の確保

ハード面を整えたとしても、テレワーク用端末自体の紛失や、公衆wi-fiの利用によるデータ漏えいなども考えられます。そのため、ソフト面（テレワーク時の社員の行動面）をルール化することによって情報セキュリティに万全を期す必要があります。

また、すべての情報を電子データ化することは容易ではありませんから、紙媒体を社外に持ち出す際のルールも併せて策定すべきです。

これら情報セキュリティのルール策定にあたっては、総務省が公表している「テレワークセキュリティガイドライン」がわかりやすく参考になるでしょう。

（⇨ 情報セキュリティの詳細については、巻末**資料3**「テレワーク導入のための労務管理等Q&A集」Q4-1 ～ 4-6を参照）

また、社員に対して、上記情報セキュリティのルールの遵守を含めて、秘密保持誓約書の提出を求めることも有用です（**書式12**「テレワーク秘密保持誓約書」）。

【書式12：テレワーク─秘密保持誓約書】

株式会社○○
代表取締役　○○○○　殿

秘密保持に関する誓約書(テレワーク実施)

私は、テレワークの実施にあたり、会社が定める情報セキュリティルール及び下記の秘密保持に関する事項を遵守することを誓約いたします。

記

1　在職中に知り得た会社の技術上・営業上の情報等、会社に属する情報の一切について、会社の業務遂行のために保存・保持しており、会社の業務遂行にあたり合理的に必要な範囲を超えた利用を一切行わず、また、第三者に開示・漏洩しないことを誓約します。

2　前項の情報について、以下を含むことを確認しました。
①　会社において、機密、秘密として指定されている情報
②　社会通念上、第三者に開示・漏えいしても問題ないことが明白である情報以外の会社に関連する情報(会社の商品・サービスの価格・原価に関する情報、会社で利用されているノウハウ等に関する情報、顧客･取引先及び取引内容ならびにこれらの取引予定に関する情報、○○○を含む)
③　個人情報(個人の氏名、生年月日その他の記述等により特定の個人を識別することができるもの(他の情報と容易に照合することができ、それにより特定の個人を識別することができることとなるものを含む))

3　テレワーク実施にあたり、次のことを実行することを誓約します。
⑴　会社の許可なく、第1項の情報について、紙媒体、USBなどの情報記録媒体に記録・保存して、または、電子媒体(メール発信、転送等を含む) を用いて、会社外に持ち出さないこと
⑵　オフィス外で第1項の情報を取り扱う場合には、ウイルスソフトをインストールし、かつ、ウイルスソフト推奨のウイルスチェックを行った機器を用いること
⑶　会社の許可を得て第1項の情報を情報記録媒体に記録・保存して会社外に持ち出す場合、適時に、セキュリティロックとウイルスチェックを実行すること
⑷　会社からテレワーク用に貸与を受けた情報通信機器等(以下「貸与情報通信機器等」という)について、業務遂行以外の目的で使用しないこと
⑸　貸与情報通信機器等について、業務遂行以外の目的に沿わないホストへのログイン、ウェブサイトへのアクセスなどを行わないこと
⑹　貸与情報通信機器等について、会社から指定・許可を受けていないソフトをインストールしないこと

令和　　年　　月　　日

所　属:
氏　名　　　　　　　　　　　　㊞

注：記載内容は例示であり、実態に即して記載すること。

5 柔軟な労働時間の実現と残業ルールの明確化・長時間労働防止策

Summary（要約）

1　テレワークでは、オフィス勤務の場合と比べて、中抜け時間を認める、始業時刻・終業時刻の繰り上げ・繰り下げを認める等、柔軟な労働時間の必要性が高いほか、社員の管理について行き届かない点が多くならざるを得ない。

2　会社は、テレワークであっても、社員の労働時間を適正に管理・把握する義務、社員に対する安全配慮義務、残業代を支払う義務を負っている。

3　残業について、テレワークでは、ON（労働）とOFF（労働以外）の境目が曖昧になっている社員もいること、人事評価を気にして成果を出すべく勝手残業を行う社員もいることから、「事前申請・許可ルール」を明確化して、周知徹底を図った上で、厳格に運用する必要があるほか、必要に応じて、長時間労働防止策の導入を検討すべきである。

社員にとって、柔軟な労働時間を実現するニーズは高い

テレワークでは、社員は、育児や介護とった個人的事情に対応する必要性が高まるため、オフィス勤務の場合と比べて、中抜け時間を認める、始業時刻・終業時刻の繰り上げ・繰り下げを認める等、柔軟な労働時間を実現するニーズは高いでしょう。同時に、会社による社員の管理に行き届かない面が生ずることは避けられません。

労働時間の管理・把握に関する会社の責務

とはいえ、テレワークであっても、会社は、社員の労働時間を適正に管理・把握する義務、社員に対する安全配慮義務を負っていることに変わりはありません。

時間外・休日・深夜労働に関する会社の責務

テレワークについて、労働時間（みなされた労働時間を含みます）が法定労働時間を超える場合、法定休日に労働を行わせる場合には、時間外・休日労働に関する三六協定の締結、届出及び割増賃金の支払いが必要になります。また、現実に、深夜に労働した場合には、深夜労働に関する割増賃金の支払いが必要になります（労基法36、37）。

会社による労働時間の管理方法

テレワークにおける、一般的な労働時間の管理方法については、すでに述べたとおりです。

➡ 労働時間の管理方法については、本章第5節「基礎編☆」2を参照

残業ルール明確化の必要性

残業について、テレワークでは、ON（労働）とOFF（労働以外）の境目が曖昧になっている社員もいること、人事評価を気にして成果を出すべく勝手残業を行う社員もいることから、申請・承認のルールを明確化した上で、周知徹底を図る必要があるほか、必要に応じて、長時間労働防止策を導入することも検討すべきです。

残業ルール明確化及び周知徹底
（「事前申請・許可ルール」の厳格運用）

時間外労働、深夜労働または休日労働（以下「残業等」といいます）について、就業規則等によって、「残業等を行う場合には、事前に会社に申請して許可を得なければならず、かつ、残業等を行った実績について事後に会社に報告しなければならない」と規定した上で、例外を認めない運用をすべきでしょう。

なぜなら、事後報告を許容した場合、必要性の認められない「勝手残業」をなし崩し的

に許すことになりますし、その結果として社員の健康を害する恐れもあるからです。また、事前申請・許可ルールの例外を柔軟に認めた場合も、同様の状態になるリスクがあることから、厳格な運用が必要になります。

もっとも、会社は、社員に対して、「残業せず、この仕事を完成させろ」などと無理を強いている場合、後述するように、実態は、会社の「黙示の指示」による残業であると判断されることになりますから、社員の業務遂行状況の確認及び業務内容等の調整を行うべきです。つまり、会社は、社員に対して、従事した業務と所要時間を日報に記録してもらい、社員の労働時間の状況の適切な把握に努め、必要に応じて労働時間や業務内容等について見直すべきです。

「事前申請・許可」を得ない勝手残業の取扱い

上記のとおり、残業等について社員からの事前申請がなかった場合、または、事前申請に許可を与えなかった場合には、原則、勝手残業として、今後二度と勝手残業をしないよう注意指導した上で、残業代等は支払わないという取扱いで良いでしょう。

ただし、厚生労働省が公表している「情報通信技術を利用した事業場外勤務の適切な導入及び実施のためのガイドライン」（以下「テレワークガイドライン」といいます）では、勝手残業につき残業代の支払いを要しないための条件を以下のように整理していますので、会社と社員の信頼関係を維持するためにも、これらの条件を参考にして、抑制的に運用することも一考に値します。

> 時間外等の労働について労働者からの事前申告がなかった場合又は事前に申告されたが許可を与えなかった場合であって、かつ、労働者から事後報告がなかった場合について、次の全てに該当する場合には、当該労働者の時間外等の労働は、使用者のいかなる関与もなしに行われたものであると評価できるため、労働基準法上の労働時間に該当しないものである。
>
> ① 時間外等に労働することについて、使用者から強制されたり、義務付けられたりした事実がないこと。
>
> ② 当該労働者の当日の業務量が過大である場合や期限の設定が不適切である場合等、時間外等に労働せざるを得ないような使用者からの黙示の指揮命令があったと解し得る事情がないこと。
>
> ③ 時間外等に当該労働者からメールが送信されていたり、時間外等に労働しなければ生み出し得ないような成果物が提出されたりしている等、時間外等に労働を行ったことが客観的に推測できるような事実がなく、使用者が時間外等の労働を知り得なかったこと。

ただし、上記の事業場における事前許可制及び事後報告制については、以下の点をいずれも満たしていなければならない。

① 労働者からの事前の申告に上限時間が設けられていたり、労働者が実績どおりに申告しないよう使用者から働きかけや圧力があったりする等、当該事業場における事前許可制が実態を反映していないと解し得る事情がないこと。

② 時間外等に業務を行った実績について、当該労働者からの事後の報告に上限時間が設けられていたり、労働者が実績どおりに報告しないように使用者から働きかけや圧力があったりする等、当該事業場における事後報告制が実態を反映していないと解し得る事情がないこと。

長時間労働防止策

また、テレワークにおける長時間労働等を防ぐ手法としては、テレワークガイドラインは、以下のような手法を挙げていますので、参考になります。

① メール送付の抑制

テレワークにおいて長時間労働が生じる要因として、時間外、休日又は深夜に業務に係る指示や報告がメール送付されることが挙げられる。そのため、役職者等から時間外、休日又は深夜におけるメールを送付することの自粛を命ずること等が有効である。

② システムへのアクセス制限

テレワークを行う際に、企業等の社内システムに外部のパソコン等からアクセスする形態をとる場合が多いが、深夜・休日はアクセスできないよう設定することで長時間労働を防ぐことが有効である。

③ テレワークを行う際の時間外・休日・深夜労働の原則禁止等

業務の効率化やワークライフバランスの実現の観点からテレワークの制度を導入する場合、その趣旨を踏まえ、時間外・休日・深夜労働を原則禁止とすることも有効である。この場合、テレワークを行う労働者に、テレワークの趣旨を十分理解させるとともに、テレワークを行う労働者に対する時間外・休日・深夜労働の原則禁止や使用者等による許可制とすること等を、就業規則等に明記しておくことや、時間外・休日労働に関する三六協定の締結の仕方を工夫することが有効である。

④ 長時間労働等を行う労働者への注意喚起

テレワークにより長時間労働が生じるおそれのある労働者や、休日・深夜労働が生じた労働者に対して、注意喚起を行うことが有効である。具体的には、管理者が労働時間の記録を踏まえて行う方法や、労務管理のシステムを活用して対象者に自動で警告を表示するような方法がある。

深夜労働の絶対禁止の勧め

深夜労働（午後10時～午前５時（厚生労働大臣が必要と認めた場合は、午後11時～午前６時）までの労働）については、たとえ、１日の労働時間（例えば８時間）の範囲内であったとしても、会社は、管理監督者を含めて、25％以上の深夜割増賃金を支払う必要があります。

また、法定時間外労働であれば、25％以上の通常の割増賃金に加えて、25％以上の深夜割増賃金の支払いが必要になります（割増率50％以上）。

以上から、会社は、特に必要性を認めない限りは、この時間帯の勤務を認めないようにしたほうが良いでしょう。具体的には、始業時刻・終業時刻を深夜労働にかからないように設定し、深夜労働にかかる残業を認めない方針を明確化・周知徹底した上で、厳格に運用することにより、実現することができます。

6 作業環境整備による社員の安全衛生管理・労災リスクの回避

Summary（要約）

1 テレワークにおいても、会社は、社員の安全衛生管理を行う必要がある。
2 テレワークであっても、労災リスクはある。

テレワークにおいても、社員の安全衛生管理の必要あり

テレワークのうち、「在宅勤務」については、勤務場所が社員の自宅ではありますが、社員の安全衛生管理の必要があります。つまり、在宅勤務を行う社員は、パソコンのディスプレイ（VDT＝Visual Display Terminals）を見て仕事をすることが多いため、心身の不調が生じることがあります。特に、目の疲れ・痛み、頭痛、首・肩の痛み・こり、腰の疲れ・痛み、腕・手・指の疲れ・痛み、いらいら、疲労感といった症状が発生することがあり得るため、会社として、これら症状の発生を防止するための助言等が必要になります。

また、法律上、テレワーク社員も含めて、常時使用する労働者に対しては、雇入時の安全衛生教育の実施や雇入時及び定期の健康診断やその結果に基づく事後措置、長時間労働者に対する面接指導、ストレスチェック（常時50人以上の労働者を使用する事業場に義務付け）及び労働者の申出に応じた面接指導等の実施が義務付けられています。

VDTガイドラインを参照する

そのため、会社は、厚生労働省の通達「VDT作業における労働衛生管理のためのガイドラインについて（平14.4.5基発第0405001号）」（以下「VDTガイドライン」といいます）などに留意しつつ、社員が支障なく作業を行うことができるよう、在宅勤務に適した作業環境管理のための助言等を行うことが望ましいでしょう。

VDTガイドラインでは、例えば、作業面について必要な照度を確保すること、室の採光や照明は、明暗の対照が著しくなく、かつ、まぶしさを生じさせない方法によること、その他換気、温度や湿度の調整などを適切に実施することなどが指摘されています。

テレワークであっても、労災リスクはある

どのような形態のテレワークにおいても、テレワーク社員が労働者である以上、労働基準監督署において「業務災害」または「通勤災害」と認定された場合には、「労災」になります。そして、「業務災害」とは、労働者が業務を原因として被った負傷、疾病または死亡（以下「傷病等」といいます）であって、業務と傷病等との間に一定の因果関係があることが必要になります。

なお、「通勤災害」とは、労働者が就業に関し、住居と就業の場所の往復等を合理的な経路及び方法で行うこと等によって被った傷病等をいい、自宅勤務以外のテレワークにおいて認定される可能性があります。

具体的に、テレワークで労災が認定されたケースについて、テレワーク労務管理QA「Q3-4」では、次の事例が挙げられています。つまり、自宅だから労災にならない、とはいえないことになります。

> 自宅で所定労働時間にパソコン業務を行っていたが、トイレに行くため作業場所を離席した後、作業場所に戻り椅子に座ろうとして転倒した事案。
>
> これは、業務行為に付随する行為に起因して災害が発生しており、私的行為によるものとも認められないため、業務災害と認められる。

上記以外にも、目の疲れ・痛み、頭痛、首・肩の痛み・こり、腰の疲れ・痛み、腕・手・指の疲れ・痛み、いらいら、疲労感といった症状によって、労災認定される可能性がありますので、労災リスク回避の点からも、作業環境整備の必要が認められます。

7 社内教育・「試しテレワーク」の必要性

Summary（要約）

1　テレワークは、多くの会社にとって新しい働き方である。テレワークの目的・必要性、業務遂行方法等の仕組みが社員間で共有され、かつ、すべての社員がテレワーク用端末を使えるようになっていなければ、業務効率は大幅に低下する。

2　情報管理・情報セキュリティの観点から、業務上必要となる情報の取扱いに関するルールを徹底する必要がある。

3　場合によっては、「試しテレワーク」を実施して、あらかじめ問題点を洗い出して、改善策を講じることも検討すべきである。

社内教育の必要性

テレワークは、多くの会社にとって新しい働き方です。導入してしばらくの間は、技術的なトラブル、コミュニケーションの不足、慣れの問題から、従来の業務遂行方法と比べて、大小様々なトラブルが発生し、スムーズに進まないことも多いはずです。

トラブル発生時に、社員間で問題意識を共有して改善策を検討していくこと、すべての社員がテレワーク用端末を使えるようになっていることは、業務効率の低下を防ぐために必須です。そのため、テレワークの目的・必要性や業務遂行方法等の仕組み、テレワーク用端末の使用・操作方法に関する社内教育が必要になります。

さらに、情報管理・情報セキュリティの観点から、業務上必要となる情報の取扱いに関するルールを徹底するための社内教育も必要です。

以下、テレワーク労務管理QAを踏まえて、実施すべき教育内容を説明します（⇨巻末資料３「テレワーク導入のための労務管理等Q＆A集」Q1-10も参照）。

> 教育内容（例）（その1：テレワークの目的・必要性）
> ・テレワークの位置付け、目的・必要性と得られる効果
> ・テレワーク導入計画／テレワーク導入の流れ
> ・テレワーク導入による働き方改革

教育内容(例)(その2：業務遂行方法)
・社内規程及び手続き
・テレワークにおける勤怠管理、業務管理
・テレワークの際の社員の指導や育成の方法
・テレワークにおける人事評価

この内容については、管理職社員の十分な理解が不可欠ですので、少人数の研修や個別のガイダンス等の実施を検討したほうが良いでしょう。

教育内容(例)(その3：テレワーク用端末の使用・操作方法、情報セキュリティ)
・テレワークのシステム及びテレワーク用端末の使用・操作方法
・情報セキュリティ(ツールの利用上の注意：総務省が公表している「テレワークセキュリティガイドライン」の活用を含む)
・テレワーク時の連絡方法(トラブル発生時の問合せ先を含む)

新しいシステムや端末を導入する場合、社内に習熟した人材がいないこともあり得ますので、そのときは、外部に教育・研修を依頼したほうが良いでしょう。

「試しテレワーク」の勧め

社内教育を十分実施した場合であっても、実際に試してみないと判明しない問題点もあるでしょう。そのため、研修を実施した上で、「試しテレワーク」を実施することをお勧めします。

社内教育と就業規則について

最後に、テレワークについて、社内教育や研修制度に関する定めをする場合には、就業規則に規定しなければならないこととされています(労基法89七)。

8 テレワークにおける業績評価・人事評価（業務の成果とプロセスの適正な評価）

Summary（要約）

1　テレワークにおける業績評価・人事評価は、成果とプロセスの適正な評価を中心とするべきである。

2　成果とプロセスの適正な評価は困難であり、業務の明確化から始めるべきである。

3　「正解」があるわけではないが、押さえるべきポイントはある。

テレワークにおける業績評価・人事評価は、成果とプロセスの適正な評価を中心とするべき

テレワークであっても、雇用契約に基づいている以上、オフィスでの勤務と同様、社員は会社の指揮命令下において労働し、会社は社員の労働時間を把握する必要があります。

➡ テレワーク労務管理の基本については、本章第5節「基礎編☆」1を参照

しかし、オフィスでの勤務と異なり労働時間の把握は容易ではないですし、社員の勤務態度を把握することは困難です。

➡ テレワーク労働時間の管理方法については、本章第5節「基礎編☆」2を参照

そのため、テレワークにおける業績評価・人事評価は、労働時間や勤務態度（例えば、「頑張っている」「遅くまで残っている」）を中心とするのではなく、成果とプロセスの適正な評価を中心とするべきです。

成果とプロセスの適正な評価の困難さ

日本の会社は、組織単位で業務を行っており、単位組織内の業務分担が明確ではないことが多いようです。したがって、一人ひとりの業務の成果を正確に評価する前提を欠いています。

しかも、長い間、終身雇用制のもと、就業年数を経るごとに職務遂行能力が伸長することを前提として「職能制度」を採用してきたため、担当業務を正確に把握した上で、その適正な評価を行うことは簡単ではありません。

はじめにやるべきことは、業務の明確化

成果とプロセスの適正な評価は、数日でできるものではありません。少なくとも数か月はかかるでしょう。そのため、コロナ禍を好機と捉えて、新しい会社の業務のあり方、社員の働き方を作り上げるという気概が必要になります。

もちろん、会社の置かれた状況次第では、「できることから、取り組んでいく」というスタンスで臨んだほうが良いこともあります。

いずれにしても、はじめにやるべきことは「業務の明確化」です。

業務の明確化は、作業の記録化から

業務の明確化は、各社員において、行った作業を一つひとつ記録することから始めます。会社にとっては、テレワーク時の各社員の労働時間管理を兼ねることができます（書式13「業務管理表」を参照）。

ポイントは、本来の担当業務、その他の業務（電話対応や、他の社員の応援のような位置付け）を分けた上で記載しておいて、あとで担当業務ごとに作業を整理して、業務フローを検証できるようにすることです。

成果のみならず、プロセス評価も欠かせない

業績評価・人事評価では、成果のみならず、プロセスの評価も欠かせません。

職務の種類によっては、営業や生産現場のように最終的な成果が数値となって現れるため、業績評価が比較的容易な職務もありますが、企画、開発のように目に見える評価が短期的に現れてくることが稀な職務もあること、成果のみに偏重して評価すると、社員によっては、成果につながる業務以外に興味を示さなくなり、組織のチームワークや一体感が欠如したり、ノウハウの共有・承継が行われないといった弊害が発生することから、明らかでしょう。

そして、プロセスについては、成果に近いレベルのプロセスを評価するべきであって、労働時間や勤務態度（例えば、「頑張っている」「遅くまで残っている」）の評価は重視しないほうが良いでしょう。勤務態度について評価する場合であっても、「普通」をベースとしつつ、特段の事情がある場合に「努力している」「努力が足りない」などと評価する3段階評価で十分でしょう。

成果・プロセスの評価にあたり、付与している権限に着目すること

成果・プロセスの評価にあたり、付与している権限が適切に行使されているか、権限配分が成果・プロセスを阻害する要因になっていないか、という観点から行うことによって、業務フローの検証及び改善を兼ねることもできます。

《業績評価・人事評価のポイント》

① 業務の明確化を行うなかで、成果につながらない不要な作業・評価に値しない作業、を洗い出して、それら作業を業務プロセスのなかから排除する。特に管理職について、組織の維持・発展につながる価値を提供できているかどうか、という観点から評価すべきである。

② 成果・プロセスの評価について、正解があるわけではない。そのため、各社員の納得が重要であり、社員との対話をベースとして、一定期間かけて業績評価・人事評価の制度を完成させるとともに、制度を実際に運用することになる評価者に対する定期的なトレーニングを実施する必要がある。

③ 外部の人事コンサルタントへの依頼も有用である。ただし、相当の工数がかかるため安価ではない。しかも、「正解がない」「すぐに成果は出ない」「成果が見えづらい」仕事であり、コンサルタントによっては、高額であるのに会社の実態に即していないなど、費用対効果に見合わないこともある。依頼先を選択する際には、それまでの「実績」や、人事労務管理に強い弁護士・社会保険労務士などの専門職に対する「信頼」に着目するのも一案である。

【書式13：業務管理表】

業務管理表

業務日：令和　　年　　月　　日

業務開始時刻：○○時○○分（上長○○への報告・承認方法：○○○）

業務終了時刻：○○時○○分（上長○○への報告・承認方法：○○○）

休憩時間：

□ 予め決定された時間に取得する場合：○○時○○分～○○時○○分

□ 合理的な理由により、事後報告・承諾を得る場合

合　計	内　　　訳
○○分	

作業リスト【担当業務】（分単位で記載する）

開始時刻	終了時刻	業務内容	通信相手（所属）	備考（通信方法含む）

作業リスト【担当業務以外】（分単位で記載する）

開始時刻	終了時刻	業務内容	通信相手（所属）	備考（通信方法含む）

報告事項

業務開始時刻に上長に報告した完了予定業務	実際に完了した業務	完了できなかった業務（積み残し業務）

補足事項(業務遂行上の良い点・悪い点、完了できなかった業務がある場合にはその理由を含む)

上記、事実に相違ありません。

令和　　年　　月　　日

所　属:

氏　名　　　　　　　　　㊞

注：記載内容は例示であり、実態に即して記載すること。

9 電子契約の活用

Summary（要約）

1　電子契約には、印鑑を押印するために出社しなくて良いなど、多くのメリットがある。

2　契約書において、「成立の真正」は必須の前提である。電子契約では、電子署名法によって、「本人による電子署名」があれば契約書の「成立の真正」が推定されることになるため、電子署名法に適合した認証業務サービスの導入を検討したほうが良い。

電子契約とは?

「電子契約」とは、法令上の用語ではありませんが、書面を取り交わすことにより締結する契約ではなく、電子ファイルをインターネット上で交換することにより締結する契約であって、署名押印・記名押印に代えて、電子署名を使用する契約、と説明することができます。

電子契約は、電子データの形式で保管されます。電子データの共有や情報セキュリティの観点から、通常、クラウド上で保管されます。

電子契約のメリット

電子契約については、①印鑑を押印するために出社しなくて良いという最大のメリットがあるほか、②インターネット上でのやり取りになるため、書面での契約書の取り交わしと比して契約締結のスピードが速い（郵送により数日かかっていたものが、早ければ数分で終了する）、③紙媒体ではないため、郵送代・紙代・インク代はもちろん、印紙代や書面管理費用（人件費など）が不要になる、④クラウド上での一元管理になるため、管理・保管が容易になるなど、多くのメリットがあります。

法的な問題点（文書の成立の真正）

そもそも、契約書を作成する理由は、契約成立の事実と契約内容を証明する点にありますから、契約書が作成者の意思を忠実に表現して作成されたものであることが必須の前提です。これを法律上、文書の「成立の真正」といいます。

文書の「成立の真正」について、法律上、「私文書は、本人又はその代理人の署名又は押印があるときは、真正に成立したものと推定する。」と規定されています（民訴法228④）。

そして、会社間の契約書では、署名押印ではなく、記名押印が通常ですから、押印に関する文書の「成立の真正」について、簡単に補足します。上記民事訴訟法の規定に関して、①「契約書に押された印鑑が会社の実印である」⇨②「契約書上の押印は、会社の代表者によってなされたものである」⇨③「その契約書は、その会社の意思によって作成されたものである」、この①⇨②（事実上の推定）、②⇨③（法律上の推定（民訴法228④））の2回の推定が働く結果、文書の「成立の真正」が推定されます（専門用語で「二段の推定」といいます）。なお、「推定」は「確定」ではありませんから、仮に、「推定された事実」と異なる事実が証明された場合には、「推定された事実」の存在は認められません。

◆二段の推定

一致

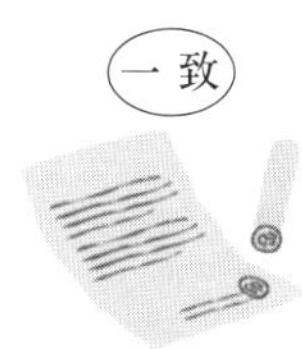

文書の印影＝会社実印の印影

【一段目の推定】
事実上の推定

文書の印影が、会社代表者の意思にもとづいて作出されたこと＝「押印」（民訴法228④）が推定される

【二段目の推定】
法律上の推定（民訴法228④）

文書が真正に成立したことが推定される

電子署名とは?

電子契約は、そもそも印鑑を「押印」するわけではないため、「二段の推定」の前提を欠いています。

ところで、いわゆる電子署名法（正式名称「電子署名及び認証業務に関する法律」）は、「電子署名」という概念について、次の２要件を充たす措置と定義しています（同法２①）。

・①当該情報が、当該措置を行った者の作成に係るものであることを示すためのものであること**【本人性】**

・②当該情報について改変が行われていないかどうかを確認することができるものであること**【非改ざん性】**

そして、電子署名法は、電子署名について、次のとおり規定しています。

第３条　電磁的記録であって情報を表すために作成されたもの（公務員が職務上作成したものを除く。）は、当該電磁的記録に記録された情報について本人による電子署名（これを行うために必要な符号及び物件を適正に管理することにより、本人だけが行うことができることとなるものに限る。）が行われているときは、真正に成立したものと推定する。

要するに、「会社の代表者による電子署名」がある場合、書面に会社の代表者の印鑑が押印されているときと同じく、その契約書は「会社の代表者の意思によって作成されたものである」と推定されます。

「本人による電子署名」とその留意点

「本人による電子署名」でなければ、電子署名法による推定を受けられなくなります。そして、電子署名法は、「本人だけが行うことができる」ものでなければならないと規定していますから、法的なリスクを可能な限り回避するためには、「本人だけが行うことができる」ことを証明することができる電子署名システムを使う必要があります。

なぜなら、電子署名法による推定を受けられない場合、例えば「この契約書は、会社の代表者ではなく、営業担当者が勝手に電子署名を使ったものであって、権限のない営業担当者によってなされた以上、会社としては関知しない」と主張された場合、契約成立が認められないリスクが高まるからです。

リスク回避のためには、どうすれば良いか？

電子署名法では、電子署名のうち「その方式に応じて本人だけが行うことができる」ものとして、主務省令（電子署名及び認証業務に関する法律施行規則）で定める基準に適合するものについて行われる認証業務を「特定認証業務」と定義しています（同法２③）。

そして、「特定認証業務を行おうとする者は、主務大臣の認定を受けることができる。」（同法４①）とされていますから、リスク回避を第一に考えるのであれば、念のため、この認定を受けた認証事業者のサービスの導入を検討したほうが良いでしょう。

さらに、特定認証業務であっても、認定認証事業者によって発行される電子証明書は個人の電子証明書の真正性を証明するものであって、法人の代表者であることを証明するものではないなど、現時点では、法人に関する契約成立の真正において完全なものではないため、認定認証事業者などの助言を受けて補完的な対策を講じることも検討したほうが無難です。

第6節

労務管理③:
時差出勤・自家用車通勤・自転車通勤

基 礎 編 ☆

1 変形労働時間制など

Summary（要約）

1　変形労働時間制は、「労使が労働時間の短縮を自ら工夫しつつ進めていくことが容易となるような柔軟な枠組みを設けることにより、労働者の生活設計を損なわない範囲内において労働時間を弾力化し、週休２日制の普及、年間休日数の増加、業務の繁閑に応じた労働時間の配分等を行うことによって、労働時間を短縮することを目的とする」ものである。

2　変形労働時間制にあっては、「1週40時間、1日8時間」という原則のうち、特に後者は大きく緩和される。

１か月単位の変形労働時間制（労働基準法第32条の２）とは

１か月以内の一定の期間を平均して１週間の労働時間が法定労働時間を超えない範囲内でする変形労働時間においては、１日及び１週間の法定労働時間の規制にかかわらず、これを超えて労働させることができる制度です。

採用する場合には、労使協定または就業規則等により導入の要件を具体的に定めることが必要です。

労使協定を締結する場合には

①変形期間と変形期間中の起算日、②対象となる労働者の範囲、③変形期間中の各日及び各週の労働時間、④協定の有効期間について労使間で協定し、所轄労働基準監督署長に届出を行う必要があります（就業規則に規定することでも採用することができます）。

就業規則に導入の要件を定める場合には

①変形労働時間制を採用する旨の定め、②変形期間における各日、各週の労働時間、③変形期間の所定労働時間、④変形期間の起算日について記載し、就業規則（変更）届を所轄労働基準監督署に提出しなければなりません。

１年単位の変形労働時間制（労働基準法第32条の４）とは

１か月を超え、１年以内の一定期間を平均し１週間の労働時間を40時間以下の範囲内にした場合、特定の日や週について１日８時間または１週40時間を超えて労働させることができる制度です。

１年単位の変形労働時間制を採用するためには、労使協定を締結した上で所轄労働基準監督署に届け出る必要があります。この場合にも、１年単位の変形労働時間制を採用する旨を就業規則に記載した上、これを所轄労働基準監督署長に届け出る必要があります。

《労使協定の記載事項》

①対象労働者の範囲、②対象期間（１か月を超え１年以内の期間に限ります）及び起算日、③特定期間、④労働日及び労働日ごとの労働時間、⑤労使協定の有効期間

（⇨ 変形労働時間制を採用した場合において、どのような場合に残業代の支払いが必要になるかを含めて、詳細については、東京労働局「１箇月単位の変形労働時間制導入の手引き」、同「１年単位の変形労働時間制導入の手引」を参照）

新型コロナウイルス感染症の発生及び感染拡大による影響を踏まえた中小企業等への対応

厚生労働省から「今般の新型コロナウイルス感染症に関連して、人手不足のために労働時間が長くなる場合や、事業活動を縮小したために労働時間が短くなる場合等については、1年単位の変形労働時間制を導入することが考えられる。一方で、新型コロナウイルス感染症対策により、1年単位の変形労働時間制を既に採用している事業所において、当初の予定どおりに1年単位の変形労働時間制を実施することが困難となる場合も想定される。このように、新型コロナウイルス感染症対策のため、当初の予定どおりに1年単位の変形労働時間制を実施することが企業の経営上著しく不適当と認められる場合には、特例的に、1年単位の変形労働時間制の労使協定について、労使で合意解約し、又は協定中の破棄条項に従って解約し、改めて協定し直すことも可能であること。なお、解約までの期間を平均し、1週40時間を超えて労働させた時間について割増賃金を支払うなど協定の解約が労働者にとって不利になることのないよう留意すること。」と、通達（令和2年3月17日厚生労働省発基0317第17号）が発出されています。

時差出勤制度とは

後述するフレックスタイム制と違い、会社が定める出勤パターンのなかから社員が社員ごとに出勤・退勤時刻を数時間ずつ前後にずらして運用する制度です。勤務時間（実労働時間）は変わりません。もともとは、育児や介護など仕事と生活の両立支援のためや通勤ラッシュに伴うストレスの緩和を目的に導入が進められてきましたが、新型コロナウイルス感染症対策のため、混雑率の高い通勤電車を回避できるということから、導入する会社が増えてきています。

《導入手順》

あらかじめ労使で十分に協議し、労働者に不利益が生じないよう注意が必要です。また、勤務パターンを整備し、社員自らが選択できるようにするなど社員間の不公平感を抑える工夫もするべきでしょう。労使協定の締結は不要ですが、就業規則の変更が必要な場合があります（一般的な始業・終業時刻の繰り上げ・繰り下げの条文だけでは、中長期の運用を目指す場合には、不都合の生じる可能性があります）。

① 始業・終業時刻を定める（シフト制のような勤務パターンを定めるのが一般的です）

② 期間や対象者の範囲を定める

③ 労働者への周知

④ 必要に応じ、就業規則（変更）届を提出する

「New Normal」でも押さえておきたい基礎知識

ニューノーマル（New Normal）な働き方

わが国では、「働く方の置かれた個々の事情に応じ、多様な働き方を選択できる社会を実現し、働く方一人ひとりがより良い将来の展望を持てるようにすること」を目指し、「働き方改革」が推進されてきましたが、今回のコロナ禍においては、それが半ば、強制的に実現されたかのようにさえ思えます。

準備が十分に整わないうちに変更、実施に移さざるを得なかった、こうした「働き方」では、今後、様々な未知なる事例に遭遇することでしょう（一般に、新しい常識が本当の意味で常識として定着するには相当の時間がかかるものです）。働き方のニューノーマルにおいては、早急な環境の整備（ニューノーマルに対応した就業規則や社内ルールの確立や在宅勤務が可能となるシステム、ツールの活用など）が求められる所以です。

ニューノーマル以前に作られた規程類には、規程の漏れや類推、応用の効かないものが多々あるはずですので、早めの準備、見直しが必要です。

2 フレックスタイム制

Summary（要約）

1　一定の期間についてあらかじめ定めた総労働時間の範囲内で、労働者が日々の始業・終業時刻、労働時間を自ら決めることのできる制度である。

2　導入する場合の要件は以下のとおりである。

⑴　始業・終業の時刻を労働者の決定に委ねる旨を就業規則等に定めること

⑵　労使協定で制度の基本的枠組みを定めること

3　清算期間における実際の労働時間のうち、清算期間における法定労働時間の総枠を超えた時間数が時間外労働となる。

4　テレワークにおいてもフレックスタイム制を活用することは可能である。

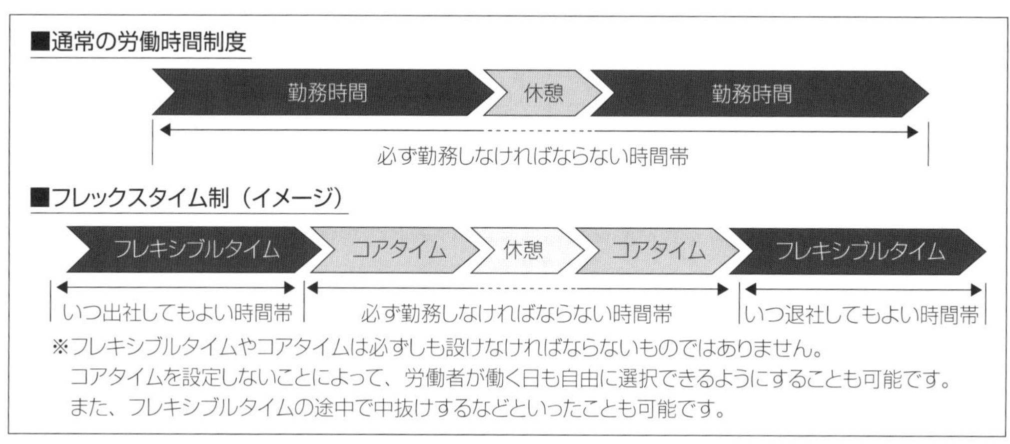

（出所：厚生労働省「フレックスタイム制のわかりやすい解説&導入の手引き」より）

⑴　前項で触れた時差出勤制度同様、飛沫感染やつり革、手すりに触れることによる接触感染のリスクの高い通勤ラッシュを避けることができます。

⑵　例えば、共働きで子育てをする夫婦の場合、保育園の送り迎えや朝夕の家事を交代で行えるようになります。

⑶　以上から、仕事と生活の調和を図りやすい職場となりますので、会社にとっても従業

員の定着率の向上を期待できるメリットがあります。また、労働時間を効率的に配分することが可能になりますので、労働生産性の向上も期待できます。

労使協定で制度の基本的枠組みを定めなければなりません

清算期間が1か月を超える場合は、所轄の労働基準監督署に届け出る必要があります。

① 対象となる労働者の範囲（「全従業員」「企画部職員」「Aさん、Bさん」など）
② 清算期間（上限は1か月でしたが、法改正（令和元年4月改正労働基準法）により3か月になりました。清算期間を定めるにあたっては、その長さに加えて、清算期間の起算日を定めます）
③ 清算期間における総労働時間（清算期間における所定労働時間）
④ 基準となる1日の労働時間（年次有給休暇を取得した際に支払われる賃金の算定基礎となる労働時間のことです）
⑤ コアタイム（労働者が必ず働かなければならない時間帯のことです。必ず設けなければならないものではありませんが、設ける場合には、時間帯の開始・終了の時刻を定める必要があります。コアタイムの時間帯は、協定で自由に定めることができます）
⑥ フレキシブルタイム（労働者が自らの選択によって労働時間を決定することができる時間帯のことです。コアタイム同様、必ず設けなければならないものではありませんが、設ける場合は、時間帯の開始・終了の時刻を定める必要があります。フレキシブルタイムの時間帯も協定で自由に定めることができます）

《運用上の重要ポイント》

(1) 労働者が日々の労働時間を自ら決定することになるので、1日8時間・週40時間という法定労働時間を超えて労働しても、ただちに時間外労働とはなりません。逆に、1日の標準の労働時間に達しない時間も欠勤となるわけではありません。フレックスタイム制のもとでは、清算期間を通じて、法定労働時間の総枠を超えて労働した時間が時間外労働としてカウントされます（清算期間が1か月を超える場合は、例外のカウント方法あり）

(2) 清算期間における法定労働時間と実際の労働時間との過不足に応じた賃金の支払いが必要です。

(3) フレックスタイム制は始業・終業時刻の決定を労働者に委ねる制度ですが、会社が労働時間の管理をしなくてもよいわけではありません。実労働時間を把握して、適切な労働時間管理や賃金精算を行う必要があります（⇨ 詳細については、厚生労働省「フレックスタイム制のわかりやすい解説&導入の手引き」を参照)。

フレックスタイム制のわかりやすい解説
&
導入の手引き

働き方改革の一環として、フレックスタイム制に関する法改正が行われました。
（2019年４月施行）

本パンフレットでは、改正内容を含むフレックスタイム制に関する法律の内容と、導入に当たっての注意事項を解説しています。

厚生労働省・都道府県労働局・労働基準監督署

働き方改革関連法解説（労働基準法／フレックスタイム制の改正関係）

(2019/03)

（出所：厚生労働省
（https://www.mhlw.go.jp/content/000476042.pdf）より）

応用編☆☆

3 自家用車通勤・自転車通勤における安全確保対策等

Summary（要約）

1　新型コロナウイルス感染症対策の一環として、多くの会社がテレワークや時差通勤を実施するなか、自家用車（マイカー）や社用車、自転車での通勤を新たに認める会社が増えている。

2　通勤中の事故発生時の会社責任やフォロー体制、駐車（輪）場の確保、損害賠償保険等その他経費の処理範囲を明確にすることなど、整理しておくべき事項は多い。

自家用車（マイカー）で通勤

《損害賠償保険の重要性》

自動車の運転には常に大きなリスクがつきものです。通勤途中で万一、人身事故を起こしてしまったら、また、社員自身が事故に巻き込まれ負傷してしまったら…最優先で考えておかなければなりません。

特に社員が加害事故を起こしてしまった場合、会社は「使用者責任（民法715）」と「運行供用者責任（自動車損害賠償保障法３）」が関係します。マイカーを営業のためなどに使用（黙認を含みます）する場合は、社用車を使用しているのとほぼ同じとみなされてしまいますが、通勤中とはいえ、業務に密接に関連すると判断された場合（会社がガソリン代を支給したり、駐車場を使用させたりしている場合）は、会社の使用者責任や運行供用者責任を問われる可能性が高いので、必ず十分な損害保険に加入しているのか確認する必要があります。免許証、車検証、自賠責・任意保険証書等を提出させ、無免許でないこと、無保険状態でないことを最低限確認してから許可することが重要です。もちろん就業規則等にも自家用車（マイカー）通勤に関する規程を盛り込んでおきます。

《運用上の重要ポイント》

①　マイカー通勤は許可性とすること

②　自動車保険（任意保険）の加入は必須としても、保証額も十分なもののみ許可する

こと（使用目的、年齢制限、免許証の色などの付保条件にも注意すること）

③ 必ず1年ごとに許可の更新手続きを行うこと

④ 業務使用を認めない前提を貫き、黙認は絶対にしないこと

⑤ ガソリン代、マイカー通勤手当等を支給せず、駐車場の提供もしないこと

自転車で通勤

《自転車通勤導入のメリット》

公共交通機関利用時の「密」を避けられるという社員の「安心」に応えることができるほかに、社員の身体面や精神面の健康増進にもつながるといわれています。会社にとっても、通勤手当やその他の固定経費の削減効果が期待できるほか、環境に配慮したエコ意識の高い企業としてイメージアップなどにつながります。

「新しい生活様式」においても、人との接触を低減する取組みの一つとして、自転車の利用が推奨されています。

《導入時に検討すべき事項》

例えば東京都では、「東京都自転車の安全で適正な利用の促進に関する条例」が改正され、自転車利用者には、自転車事故に備えた保険に加入することが努力義務化されています。また、自転車通勤する従業員がいる事業者については、駐輪場所を確保するか、その従業員が駐輪場所を確保していることを当該従業員に確認することが義務化されています。

自転車活用推進官民連携協議会が策定した「自転車通勤導入に関する手引き」（令和元年5月）を参考に検討すべき事項をまとめてみます。

① 対象者（健康状態などに対する考慮）

② 対象とする自転車（整備・点検、防犯登録など）

③ 目的外使用の承認（必要に応じて）

④ 通勤経路・距離

⑤ 公共交通機関との乗り継ぎ

⑥ 日によって異なる交通手段の利用（雨天時に公共交通を利用する場合など）

⑦ 自転車通勤手当

⑧ 安全教育・指導とルール・マナーの遵守

⑨ 事故時の対応（会社への報告義務など）

⑩ 自転車損害賠償責任保険等への加入

⑪ ヘルメットの着用

⑫ 駐輪場の確保と利用の徹底

⑬ 更衣室・シャワー・ロッカールームなど（必要に応じて）

⑭ 申請・承認手続き

《使用者責任と通勤災害》

使用者責任に関しては、自家用車（マイカー）通勤の項を参照してください。

また、住居と就業場所との間の往復などの移動を合理的な経路及び方法で行われる限り、通勤災害として労災保険から給付がされます。通勤経路を逸脱し、または中断した場合は注意が必要です。

【書式14: 自転車通勤許可申請書 兼 誓約書】

自転車通勤許可申請書　兼　誓約書

私は下記の理由により、自転車での通勤の許可をいただきたく、申請いたします。

許可申請期間	年　　月　　日～　　年　　月　　日
申請理由	
防犯登録番号	
任意保険の有効期間	年　　月　　日～　　年　　月　　日

※保険証券のコピーを必ず添付すること。

【通勤ルート】※別添も可

通勤距離（片道）　　km

所要時間（片道）　　時間　　分

※最も合理的な経路を図示すること。

誓約書

私は自転車通勤をするにあたり、以下の事項を厳守して使用することを誓約いたします。

1. 私は、道路交通法、及び関係諸法令を誠実に守り、常に安全な運転につとめます。
2. 過労な状態、病気、薬物の摂取その他の影響で、正常な運転に支障をきたす恐れがあるときは、絶対に運転をいたしません。
3. 如何なる事由がありましても、絶対に飲酒・酒気帯び運転及び携帯電話を使用しながらの運転はいたしません。
4. 本申請書の記載内容に変更が生じた場合は、直ちに○○まで連絡します。
5. 自転車は決められた場所に駐輪し、違法駐車はしません。
6. 通勤途上の第三者に対する加害事故については、会社側に一切の責任を負わせません。また、事故等が発生した場合は速やかに、警察署等に連絡し、上司及び社長に報告します。

年　　月　　日

申請者　住所＿＿＿＿＿＿＿＿＿＿

氏名＿＿＿＿＿＿＿＿＿＿

会社決済欄

部長	社長

発展編☆☆

4 勤務時間の一部をテレワークにする場合

Summary（要約）

1　勤務時間の一部でテレワークを行う場合の就業場所間の移動時間については、使用者の指揮命令下に置かれている時間であるか否かにより、個別具体的に労働時間に該当するか判断される。

2　テレワークにより、労働者が労働時間の全部または一部について事業場外で業務に従事した場合で、使用者の具体的な指揮監督が及ばず、労働時間を算定することが困難なときは、労働基準法第38条の2で規定する事業場外労働のみなし労働時間制が適用される。

厚生労働省ガイドラインによるケーススタディ
（厚生労働省「情報通信技術を利用した事業場外勤務の適切な導入及び実施のためのガイドライン」（平成30年2月22日））

《通勤時間や出張旅行中の移動時間中のテレワークについて》

テレワークでは、その性質上、これらの移動時間に情報通信機器を用いて業務を行うことが可能です。その場合、使用者の明示または黙示の指揮命令下で行われるものについては、労働時間として取り扱います。

《勤務時間の一部でテレワークを行う際の移動時間について》

午前中だけ自宅やサテライトオフィスで勤務したのち、午後からオフィスに出勤する場合（就業場所間の移動）などの移動時間が労働時間に該当するのか否かについては、使用者の指揮命令下に置かれている時間であるか否かにより、個別具体的に判断することとされています。

例えば、使用者が移動することを労働者に命ずることなく、単に労働者自らの都合により就業場所を移動し、その自由利用が保障されているような時間は、原則休憩時間として取り扱うことができます。

一方で、使用者が労働者に対し業務に従事するために必要な就業場所間の移動を命じており、その間の自由利用が保障されていない場合の移動時間は、労働時間となります（テレワーク中の労働者に対して、使用者が具体的な業務のために急きょ至急の出社を求めたような場合)。部分的なテレワークの移動時間の取扱いについて、上記の考え方に基づき、労使でその取扱いについて合意を得ておくことが望ましいとされていることに留意しましょう。

《休憩時間中の移動命令について》

テレワークを行う労働者について、本来休憩時間とされていた時間に使用者が出社を求める等具体的な業務のために就業場所間の移動を命じた場合には、当該移動時間は労働時間と考えられるため、別途休憩時間を確保する必要があります。

《事業場外みなし労働時間制について》

テレワークにおいて、「使用者の具体的な指揮監督が及ばず、労働時間を算定することが困難」であるというためには、以下の①、②の要件をいずれも満たす必要があります。

① 情報通信機器が、使用者の指示により常時通信可能な状態に置くこととされていないこと(=情報通信機器を通じた使用者の指示に即応する義務がない状態を指します。例えば、回線が接続されているだけで、労働者が自由に情報通信機器から離れることや通信可能な状態を切断することが認められている場合や、会社支給の携帯電話等を所持していても、労働者の即応の義務が課されていないことが明らかである場合等が当たります)。

② 随時使用者の具体的な指示に基づいて業務を行っていないこと(ただし、当該業務の目的、目標、期限等の基本的事項を指示することや、これら基本的事項について所要の変更の指示をすることは含まれません)。

➡ 事業場外みなし労働時間制については、本章第5節「基礎編☆」③を参照

第7節

労務管理④：テレワークにおける業務効率アップ・インセンティブ確保・メンタルヘルスケア

基礎編☆

1 社員同士のコミュニケーションの充実、会社・部署内での方針共有・一体性確保

Summary（要約）

1　テレワークの場合、オフィス勤務では勤務時間中に少なからず行われていた雑談や雑談交じりの業務上のやり取りが大幅に減少することになり、業務遂行上の報告・連絡・相談の頻度が下がったり、非公式な情報共有がなくなるなどして、業務上の支障が生じる可能性がある。

2　テレワークでは、各社員は、自身の業務遂行に集中することになるため、会社や部署内での方針共有や一体感確保にも留意したほうが良い。

3　テレワーク社員と出勤する社員が混在する場合、社員間の情報格差にも留意したい。

4　これらの対策の一例として、上司による定期的なフォローアップ面談・チーム内での雑談チャットの創設、週初め朝に実施する週礼、部署内での定期ミーティングが考えられる。

テレワークにおける社員間コミュニケーション不足と業務上の支障

テレワークにおける社員間コミュニケーションでは、オンライン会議、電話、電子メールが利用されます。

オフィス勤務では、コミュニケーションを取ろうとする相手の様子を踏まえて、報告・連絡・相談や打合せの機会を伺うことができるし、会議の合間などの隙間時間を利用して、

雑談や雑談交じりの業務上のやり取りが可能ですが、テレワークでは、相手の様子がわからないこともあり、適時に機会を見つけて、これらを実施することは容易ではありません。

また、多くの会社では、分担業務が明確かつ具体化されている（いわゆる「ジョブ型」）わけではなく、誰が分担するべきか明らかではない業務も存在することなどから、各社員間での非公式な情報共有が業務の円滑化に資する面もあります。

さらに、テレワークにおける社員間コミュニケーションの不足によって、業務遂行上の報告・連絡・相談の頻度が下がったり、非公式な情報共有がなくなるなどして、業務上の支障が生じる可能性があります。

テレワークにおける
会社・部署内での目標共有・一体性確保

テレワークでは、各社員は、自身の業務遂行に集中することになります。仮に、各社員が、自身の業務遂行に集中して成果を出せば、会社や部署という組織としての成果につながるはずです。

しかし、多くの会社では、分担業務が明確かつ具体化されている（いわゆる「ジョブ型」）わけではないこともあって、必ずしも、各社員が成果を出す＝組織としての成果、といい切れるわけではなく、組織としての方針共有や一体性確保が担う役割を無視することはできません。

そのため、会社や部署内での方針共有や一体感確保にも留意すべきでしょう。

社員間の情報格差にも留意したい

また、テレワーク社員と出勤する社員が混在する場合には、会社は、これら社員間の情報格差についても、留意したほうが良いでしょう。

《対策の一例》

上司による定期的なフォローアップ面談・チーム内での雑談チャットの創設、週初め朝に実施する週礼、部署内での定期ミーティングが考えられます。部署内でのやりやすさ、効果などに留意して実践してみましょう。

2 オンラインハラスメント

Summary（要約）

1　ハラスメントのうち、テレワークにおいて特に留意すべきは、パワハラとセクハラである。

2　会社は、社員に対して、パワハラとセクハラの基本的な考え方を理解させる必要がある。特に、注意指導を行う管理職は、オンラインハラスメントを含めた正確な理解が必須である。

パワハラの定義と留意点

パワハラ（パワーハラスメント。以下同じ）とは、職場において行われる①優越的な関係を背景とした言動であって、②業務上の必要かつ相当な範囲を超えたものにより、③労働者の就業環境が害されるもの、です（厚生労働省「事業主が職場における優越的な関係を背景とした言動に起因する問題に関して雇用管理上講ずべき措置等についての指針」（令和２年１月15日厚生労働省告示第５号）：以下「パワハラ指針」といいます）。

このうち①については、同僚・部下であっても、優越的な関係が背景にあれば該当します。②については、業務上の必要性【必要性（程度を含む)】＋相当な態様【相当性】が要件ですから、業務上の注意指導があり、かつ、相当な態様であれば、該当しません。③については、「平均的な労働者の感じ方」、つまり、同様の状況で当該言動を受けた場合に、社会一般の労働者が、就業する上で看過できない程度の支障が生じたと感じるような言動であるかどうかを基準とします。

主要なものとして、身体的な攻撃、精神的な攻撃、人間関係からの切り離し、過大な要求、過少な要求、個の侵害、の６類型がありますが、通常の注意指導で起こる可能性が高いのは、精神的な攻撃、過大な要求でしょう。

セクハラ２類型と留意点

セクハラ（セクシャルハラスメント。以下同じ）には、次の２類型があります（厚生労働省「事業主が職場における性的な言動に起因する問題に関して雇用管理上講ずべき措置等についての指針（平成18年厚生労働省告示第615号、以下「セクハラ指針」といいます）。

対価型セクハラ：	①労働者の意に反する、②性的な言動に対する、③労働者の対応（拒否や抵抗）により、④その労働者が解雇、降格、減給、労働契約の更新拒否、昇進・昇格の対象からの除外、客観的に見て不利益な配置転換などの不利益を受けること
環境型セクハラ：	①労働者の意に反する、②性的な言動により、③労働者の就業環境が不快なものとなったため、能力の発揮に重大な悪影響が生じるなど、その労働者が就業する上で看過できない程度の支障が生じること

２類型に共通しているのは、①労働者の意に反する、②性的な言動であること、です。このうち①については、基本的には、言動の受け手次第で該当します。そのため、②「性的な言動」に当たれば、セクハラに該当する可能性が高くなります。そして、「性的な」について、明確な解釈のない抽象的な用語であるため、幅広く該当すると考えておいたほうが無難です。

パワハラとの対比にみるセクハラの特徴

・パワハラと異なり、労働者の主観が重視される。
・性的な言動は、通常、業務上の必要はないため、パワハラと異なり、原則違法であり、正当化されるケースは例外である。

セクハラ、パワハラによる大きな弊害

①　職場環境の悪化

被害者のみならず、周囲の社員まで不快感を覚えたり、萎縮したりして、職場環境が悪化します。

②　組織全体の戦力ダウン

会社は、ハラスメントの申告があったとき、ハラスメントと認定したときは、基本的には、加害者と被害者を引き離すように配置転換する必要があります。また、認定したハラスメントの内容次第では、懲戒処分や解雇も必要になります。これらによる人材の喪失、適正配置ができなくなる等による活用度の低下によって、組織全体の戦力ダウンの原因になります。

③　損害賠償責任

加害者のセクハラ・パワハラが違法と認定される場合、原則として、会社も損害賠償責任を負います。例えば、メンタル疾患により自殺した事案では、1億円もの多額の損害賠償の支払義務を負うこともあります。

テレワークにおいて、オンラインハラスメントになり得る不用意な言動とパワハラ・セクハラの基本的な考え方の理解の必要性

オンライン会議等では、オフィス勤務と比して、自宅勤務中の相手の私生活が垣間見えることがあります。また、日常生活（OFF状態）と隣り合わせの環境にあることから、場合によっては気が緩むことがあります。そのようななか、上司が部下に対して、私生活への過干渉になることがあります（パワハラ6類型の「個の侵害」）。

それが身体的な事柄に関連する指摘である場合には「性的な意味」を持ち、セクハラにもなり得ます。

対面でのコミュニケーションではないことから、上司において、部下からのメール等の連絡について、意図せず反応しないとき、部下において、「無視されている」といった被害意識を持つことがあり得ます。

このような不用意な言動を避けるためには、社員に対して、パワハラとセクハラの基本的な考え方を理解させる必要がある。

ハラスメント相談対応の留意点

管理職や人事部門の社員については、部下から、ハラスメント被害に関する相談を受けることもあります。相談対応については、①相談時の心構え（事案に係る事実関係を迅速かつ正確に確認すること）、②事実確認の具体的手順、③事実の評価方法、④相談終了時の説明など、様々な留意点がありますので、管理職や人事部門の社員に対するハラスメント研修の必要性は非常に高いでしょう。

応用編☆☆

3　管理職に対する教育研修の実施

Summary（要約）

1　業務の管理・評価方法については、会社は、具体的な方法を定めた上で、あらかじめ実施者である管理職に対する教育研修を実施しておきたい。

2　会社は、法律によって、ハラスメント（パワハラ・セクハラ）がないよう、雇用管理上の措置義務を負っている。会社には、ハラスメントの主体になる可能性が高く、相談対応を担う可能性のある管理職に対する研修を実施する高度の必要性がある。

業務の管理・評価方法に関する教育研修

管理職は、テレワーク導入により、オンラインでの定期的なフォローアップ面談を実施するほか、部下の業務にかかわる成果・プロセスの適正な評価を担います。これら業務の管理・評価方法については、実施者による具体的な方法にバラツキがある場合、公平公正さを欠くため、会社は、具体的な方法を定めた上で、あらかじめ教育研修を実施しておきたいものです。

業務の管理・評価方法について、作成自体は社内・社外への発注いずれでも良いですが、教育研修については、社内制度であり、人事担当者が行うことが望まれます。

ハラスメント予防に関する会社の法的義務

会社は、法律に基づき、パワハラがないよう、社員からの相談に応じ、適切に対応するために必要な体制の整備その他の雇用管理上必要な措置を講じる義務を負っています（労働施策総合推進法30の２①。なお、中小企業主については、令和４年３月31日までは努力義務に留まります）。

会社は、セクハラについても、法律に基づき、上記パワハラと同様の措置義務を負っています（男女雇用機会均等法11①）。

「New Normal」でも押さえておきたい基礎知識

ハラスメントについて、会社が法律上負っている措置義務の具体的内容

いわゆる「パワハラ指針」、「セクハラ指針」において、次の４分類・10項目の措置義務が定められています。

1　事業主の方針等の明確化及びその周知・啓発

①　ハラスメントの内容及び禁止の方針の明確化と周知・啓発

②　行為者を厳正に対処する旨の方針及び対処の内容の就業規則等規定化と周知・啓発

2　相談・苦情に対する適切対応に必要な体制整備

③　相談窓口の設置と社員に対する周知

④　相談窓口担当者の幅広な適切対応

3　事後の迅速かつ適切な対応

⑤　事実関係の正確かつ迅速な確認

⑥　被害者に対する配慮のための適正な措置

⑦　行為者に対する適正な措置

⑧　再発防止に向けた措置

4　併せて講ずべき措置

⑨　プライバシー保護に必要な措置

⑩　相談等による不利益取扱いの禁止と周知・啓発

ハラスメントの予防及びハラスメント相談対応に関する研修実施の高度の必要性

管理職は、一般社員に比して、上下関係に基づいて、部下等に対して注意指導する機会が多いことから、オンラインハラスメント（パワハラ・セクハラ）の主体になる可能性が高いというべきです。そのため、教育研修によるハラスメント予防の高度の必要性があります。

同時に、職責上、部下からハラスメントに関する相談を受ける機会もあり得ること、相談の初動対応を誤ると会社が安全配慮義務違反に問われることもあることから、会社は、管理職に対して、相談を受けた際の留意点についても、あらかじめ研修しておく必要性が高いというべきです。

いずれについても、いわゆる「パワハラ指針」「セクハラ指針」の定める会社の措置義務の履行にも沿うものです。

ハラスメント研修実施時のポイントと実施のあり方

ハラスメント研修実施のポイントは、全対象者に「自分事」として（自身にも起こり得ることであるという当事者意識を持って）研修に臨んでもらうことです。

「自分はハラスメントとは無縁である」と思い込んでいる管理職について、ハラスメントのリスクの高い言動が多くみられる、というケースもありますから、「いわれるまでもない、当たり前のこと」と思えるような簡単な事項を含めて研修すること、そして「自分事」として、どういう言動がどのような理由によりハラスメントのリスクがあるか、十分に理解してもらうための工夫が必要になります。

「自分事」としてハラスメント研修を受けてもらうためには、外部の専門家等に研修を実施してもらうことが有用です。

つまり、外部の人間であれば、社内の人間関係に捉われない立場から、「なあなあ」にならず、厳正に研修を実施することができますし、専門家であればどういう言動がどのような理由によりハラスメントになるのか、具体的かつ明確に説明することができるため、対象者の理解度を高めることができます。

第8節

就業規則など未整備時の対応

基礎編☆

1 就業規則の作成と届出の基本

Summary（要約）

1　就業規則は職場のルールである。

2　常時10人以上の職場では就業規則作成と労働基準監督署への届出が義務となる。

就業規則の意義

一般的に就業規則とは、雇い入れた社員（労働者）の労働条件や就業に関しての服務規律を細目的に記載したものをいいます。

いわば「わが社のルール本」です。

就業規則の役割の一つとして、労働（服務）に関するルールが明確となり、社員が納得し明るくやる気の出る職場づくりにつながることです。

就業規則が、労働条件を画一的・統一的に設定するという性格をもち、その変更も、変更内容が合理的なものであれば、変更に反対する社員の労働条件も変更された就業規則によることなどが確立されています（労契法9、10）。

つまり、就業規則は服務ルールの明確化と労働条件の決定ならびに不毛な労使トラブルの防止、もしくは解決の判断基準となるという点にあります。会社が恣意的にものごとを決めたり、その都度労働条件を変えたりすることなく、また、社員も勝手な行動をとって仕事に支障をきたさないようにするためのルールが就業規則です。

就業規則の作成及び届出義務

常時10人以上の労働者を使用する事業場においては、これを作成しまたは変更する場合に、所轄労働基準監督署長に届け出なければなりません（労基法89）。

事業場ということは、企業単位ではなく本社・支店・営業所・工場等がある場合はそれぞれの単位で、作成と届出が必要になります。

常時10人以上という数には、パートタイマー、有期契約社員はカウントしますが、受け入れている派遣社員はカウントしません。

なお、常時10人以上の労働者を使用する事業場であって、仮にパートタイマーならびに有期契約社員の人数が10人未満であっても、これらの者に係る就業規則の作成・届出が必要です。

常時10人未満の労働者を使用する事業場では、法的には就業規則の作成も届出も必要ありませんが、服務ルールの明確化と労働条件の決定、労使トラブルの防止という観点からも、労務管理の上で必要なものになります。

就業規則の名称は何でもよいので10人未満であっても「わが社のルール本」は作成して、労使の権利と義務を明確にしておくべきです。

就業規則の記載事項

就業規則の記載事項として、必ず記載する事項（絶対的必要記載事項）と、定めるのであれば記載する事項（相対的必要記載事項）とがあります（労基法89）。

⑴　必ず記載する事項

①　労働時間関係

始業及び終業の時刻、休憩時間、休日、休暇ならびに労働者を二組以上に分けて交替に就業させる場合においては就業時転換に関する事項

②　賃金関係

賃金の決定、計算及び支払いの方法、賃金の締切り及び支払いの時期ならびに昇給に関する事項

③　退職関係

退職に関する事項（解雇の事由を含みます）

(2) 定めるのであれば記載する事項

① 退職手当関係

適用される労働者の範囲、退職手当の決定、計算及び支払いの方法ならびに退職手当の支払いの時期に関する事項

② 臨時の賃金・最低賃金額関係

臨時の賃金等（退職手当以外）及び最低賃金額に関する事項

③ 費用負担関係

労働者に食費、作業用品その他の負担をさせることに関する事項

④ 安全衛生関係

⑤ 職業訓練関係

⑥ 災害補償・業務外の傷病扶助関係

⑦ 表彰・制裁関係

表彰及び制裁の種類及び程度に関する事項

⑧ その他

事業場の労働者すべてに適用されるルールに関する事項

最重要ポイント

コロナ感染対策での労働条件の一時的変更は、原則として、就業規則の記載内容に依って行うこと。

「New Normal」でも押さえておきたい基礎知識

就業規則の作成は、会社側が一方的に作成するもので良いが、注意が必要!

就業規則の作成は、会社側の一方的作成で良いのですが、トラブル防止の観点からも、労働者の反発を受けるような内容は控えたいものです。

ただし、服務規則や懲戒処分に関しては、合理性を欠くものは別にして、会社側の考え方を十分に反映させて、就業規則の作成のメリットを高めることも大事なことです。

所轄労働基準監督署への届出の際には、事業場の労働者の過半数を組織する労働組合（その労働組合がなければ、過半数労働者を代表する者）の意見書を添付します。

2　テレワークに関する就業規則等の未整備

Summary（要約）

1　コロナウイルス感染対策のためのテレワークは、臨時的ならば実施可能である。

2　テレワークでも労働時間管理が必要である。

テレワークとは何のことなのか?

一般的に、情報通信技術（通信機器を使用）を活用して場所などにこだわらない勤務形態のことを、テレワークと呼んでいます。

すでに本章第５節で触れたとおり「テレ＝tele」とは離れた場所の意味です。

会社に出勤せずに、あるいは一部の時間帯を会社外でパソコン、スマートフォン、タブレット端末、ファクシミリなどを利用して仕事をするもので、仕事をする場所により、自宅などでの在宅勤務、取引先や移動の合間のモバイル勤務、一定の通信設備の整備されたサテライト勤務などがあります。

就業規則にはテレワークの実施に関する定めがないが、テレワークできないか?

テレワークは会社外で勤務するため、労働契約の就業場所の変更に該当します。

就業規則にテレワーク勤務の定めがなくとも、これがコロナウイルス感染対策として臨時的に行われる場合は、社員の同意を得て実施することは可能です。

就業規則に「会社は、業務上必要がある場合は、社員の就業する場所または従事する業務の変更を命ずることがあります。」というような定めがあれば、これを根拠として、全社員に対象業務・期間等を通達し臨時的にテレワーク実施が可能です。

したがって、テレワークについてコロナウイルス感染対策として臨時対応することに限らず、将来も勤務形態の一つとして、制度として定着させるのであれば、明確に就業規則に定めることが必要になります。

もっとも、コロナウイルス感染対策として臨時的にテレワークを実施する場合でも、今後も同様な事態が発生する可能性がありますので、就業規則にテレワーク実施について規定化しておくほうが良いでしょう。

テレワークの方法を在宅勤務に限定したいが問題があるか？

コロナウイルス感染対策としてテレワークを実施する方法としては、在宅勤務、サテライト勤務が主になると考えられます。

在宅勤務は、文字どおり社員の居宅を仕事場にすることですが、ネットワーク機器のセキュリティ対策を図ること、居宅の環境が仕事に適しているか等のチェックが必要です。

サテライト勤務は、一定期間のレンタルで設置するのも含めて、会社がテレワークに必要な環境・設備を備えた施設を設ける必要があります。

これには費用もかかりますし、設置場所も複数必要になるなど経費負担が重くのしかかります。

コロナウイルス感染対策として、臨時的なテレワークは在宅勤務が一般的に適していると判断する会社が多いかと思います。

テレワークの方法を在宅勤務に限定することは、会社側の業務指示の一環として成立するもので、社員の事情を考慮する必要はありますが不適切な方法ではありません。

テレワークの労働時間管理はどうしたら良いか？

通常の出勤の場合は、タイムカードやパソコンのログイン時間等で労働時間管理をしている会社が多いと思いますが、テレワークの場合は通常の方法が使えないことになります。

しかし、テレワークによる勤務についても労働基準法が適用され、労働時間管理は必要になります（労災保険、安全衛生なども適用されます）。

労働時間管理は「労働時間の適正な把握のために使用者が講ずべき措置に関するガイドライン」（巻末**資料6**（平成29年１月20日策定））に基づき、適切な労働時間管理が求められています。

具体的には、労働時間を記録する原則的な方法として、パソコンの使用時間の記録等の客観的な記録によること、やむを得ず自己申告制によって労働時間の把握を行う場合においても、同ガイドラインを踏まえた措置を講ずる必要があるとされています。

また、就業規則に多くみられる「外勤、出張その他会社外で就業し、労働時間の算定が困難な場合は、所定労働時間労働したものとみなします。」といった定めを、在宅勤務の社員に適用することも考えられますが、テレワーク自体が通信機器を活用した社外勤務であることから、会社・上長からの指示等に即応する義務がなく、パソコンやスマートフォンの回線の切断が認められている状態など、随時会社・上長の具体的な指示に基づいて業務を行っていないこと、が明確ではないと「労働時間の算定が困難な場合」に該当しないとされていますので、注意が必要です。

➡ 労働時間管理の詳細については、本章第5節「基礎編☆」②を参照

最重要ポイント

テレワークは、就業規則に定めるべきだが、コロナウイルス感染対策として、臨時的に実施する場合は同意により可能。

「New Normal」でも押さえておきたい基礎知識

テレワーク時のケガも労災保険が適用される!

テレワーク実施中の社員については、その労働時間は会社勤務と同様に、労働契約に基づいて会社の指揮監督下にあり、テレワーク実施中における災害は、業務上の災害として労災保険給付の対象となります。

ただし、私的行為等業務以外が原因であるものについては、業務上の災害とは認められません。

3 通勤手当不支給に関する規程の未整備

Summary（要約）

1 通勤手当も賃金である。

2 通勤手当の減額や不支給には根拠規定と合理的理由が必要である。

通勤手当の性格

社員が、定められた就業場所で仕事をする（労務提供する）ため、自宅と就業場所を往復するために要する交通費などは、仕事をするという社員の債務履行のための費用で、その費用は労使間の特約がなければ、原則として労務提供の債務者である社員の負担とされています（民法484①、485）。

このように、社員の通勤費用を会社が負担する法律上の義務はありませんが、多くの会社では社員の福利厚生的観点、人材確保、社会的一般的状況などを勘案して支払っているのが現実だと思います。

ただし、就業規則（賃金規程を含みます）等で通勤費用の支払基準が定められていれば、これに該当する通勤手当等は「賃金」となり、ほかの賃金同様に労働基準法の保護の対象になり、会社の通勤手当等の支払義務が発生します（就業規則等にはないものの、長年慣行的に支払っている場合も該当する可能性が高いことになります）。

通勤手当の支払方法

通勤手当等通勤に係る費用の支払方法は、就業規則等の定めによります。

居宅から就業場所までの通勤費の範囲を、利用する交通機関すべてとするか、電車代に限るか、バスも含めるか、自家用車やバイク・自転車通勤はどうするか等細目にわたる検討が必要です。

また、通勤費の支払方法として、勤務日に応じて往復乗車券代を支払うか、定期券代を支払うか、定期券代の場合定期券の期間をどのようにするか、いつ支払うか、全額支払うか一定割合を支払うか、支払額の上限を定めるかなどの検討も欠かせません。

また、休業や在宅勤務などで出社日が少ない場合の取扱いをどうするかの定めも、新型コロナウイルス感染予防のためテレワークの実施に付随して、定めておく必要性が増しています。

合理的な通勤経路の決定方法

通勤手当等支払いの金額の計算に必要な利用交通手段の範囲の定めと、もう一つ定める必要があるのが通勤経路の定めです。

社員の居宅から会社に通勤するための、経済的・時間的にも合理性のある通勤経路の決定の仕方がポイントです。

これを社員の自己申告により決定し支払うのか、自己申告を検討した上で会社が経路を指定して支払うのか、いずれかの定めが必要になりますが、会社が通勤経路を指定することができるようにしておくべきでしょう。

新型コロナウイルス感染予防で在宅勤務中の者にも通勤手当を支払わなければならないか？

就業規則等で、通勤手当の減額や不支給の定めがあれば、その要件に該当する場合には定めに従い通勤手当を減額または不支給とすることができます。

では、通勤手当を減額または不支給できる根拠規定が不備の場合は、１か月の所定労働日すべて在宅勤務もしくは休業させても、通常勤務と同様に通勤手当を支払わなければならないのでしょうか。

一般的には、払わざるを得ないことになります。通勤手当も賃金ですから、賃金の減額等の根拠規定がなければ、一方的な労働条件の不利益変更としてトラブルにもなりかねません。

ただし、通勤手当の支給要件として「交通機関を利用して通勤する者に対して支払う」旨の定めがあり、通勤手当と明確に表示していなくとも「欠勤」「月の途中からの休職」「傷病で休んでいる期間」等には賃金を支払わないこと、または賃金控除できる旨の定めがあれば、これらを根拠にして、通勤しない期間の通勤費を減額・不支給の扱いをすることは不可能ではないと考えられます。

そのためには、社員の同意を得ることが労務管理として必要なことだと思います。

通勤のための費用を会社が負担しているので、通勤しない期間通勤手当の支払いがなくとも、その社員の自腹は痛みません。これは社員が甘受できる内容と範囲の不利益変更であり、コロナ禍により会社の業績も低下していれば通勤手当の減額・不支給の必要性もあると思います。

なお、通勤手当を定期券代相当額で支給している場合の減額は、納得のいくやり方、精算の仕方が必要ですので、減額対象期間が短期間の場合は適さない場合が生じることも考慮すべきです。

最重要ポイント

通勤手当は賃金であり、
その減額・不支給には規定の整備が必要です。

「New Normal」でも押さえておきたい基礎知識

定期券代支給の注意点

通勤手当として交通機関の通勤定期券代を支給する場合、費用の面から3か月や6か月定期券代を支給することが多く行われています。この場合、期間の始めの給与月から払うようにしてください。例えば4月から9月までの6か月定期券代を、6月に支払うことは労働基準法第24条で規定する賃金の毎月払いに抵触することになります。

毎月払いの原則があるからといって、6か月定期券代を6等分して毎月支払うことも可能ですが、社員の反発もあり得ますので、あまり現実的ではないと思います。

【書式15：在宅勤務等で出勤日が少ない場合の通勤手当の規定例】

※毎月1か月定期券代の実費を支給する規定のケースで、在宅勤務・自宅待機により、出勤(通勤)日数が通常より少ない場合の例です。

(通勤手当)
第○条
　通勤手当は、公共交通機関を利用する者であって、通勤定期券を購入し、かつ、これを使用して通勤している者に対して、当該通勤定期券代1か月相当額を毎月支給する。
2. …
3. 第1項の規定にかかわらず、在宅勤務もしくは自宅待機を指示された場合で、賃金計算期間において、出勤日が○○日未満のときは、当該通勤定期券代1か月相当額の支給に替えて、実際に通勤した日を対象とし、通勤定期券代の経路における通勤に要する往復の乗車券代の実費を支給する。

4　三六協定・特別条項の未整備

Summary（要約）

1　法定労働時間を超えて、または法定休日に勤務させるには三六協定が前提となる。

2　三六協定の限度時間を超えざるを得ない臨時的な事情がある場合は特別条項が必要だが、繁忙がコロナウイルス感染が原因との記載がなくとも臨時的と判断される。

労働時間と休日の原則

労働時間とは、一般的に、始業時刻から終業時刻までの時間で、休憩時間を除き、会社の管理監督下にある時間を指します。

労働時間の長さは、原則として週40時間以内、1日8時間以内に制限されています（労基法32）。これを「法定労働時間」といいます。

休日とは、「労働義務がないとされている日」のことをいい、会社は社員に毎週少なくとも1回、あるいは4週間を通じて4日以上の休日を与えなければなりません（労基法35）。これを「法定休日」といいます。

一方、会社が就業規則や労働契約で定める所定労働時間と所定休日があり、所定労働時間は法定労働時間を上回ることはできず、所定休日は法定休日未満にすることはできません。

法定労働時間を超える勤務、法定休日の勤務が許される場合

法定労働時間を超え、もしくは法定休日に勤務させることができるのは、次の場合となっています。

① 災害その他避けることができない事由による場合で、労働基準監督署長の許可を受けた場合（労基法33）

　災害、緊急、不可抗力、その他客観的に避けることのできない場合で、厳格に運用されます（昭和22年９月13日発基17号）。

② 時間外労働・休日労働に関し、会社と労働者の過半数を組織する労働組合または労働者の過半数を代表する者との間で、労使協定を締結し、労働基準監督署長に届け出た場合（労基法36）

上の②が「三六協定」の締結と届出のことです。この届出をすることによって、会社は本来は違法である時間外労働や休日労働を協定の範囲（上限時間の定めがあります）で、合法的に行わせることができることになります。なお、三六協定と届出は、事業場ごとに行わなければなりません（本社の所轄労働基準監督署に一括して届けることもできます）。

三六協定の限度時間等の制限と特別条項

三六協定の時間外労働（休日労働は含みません）の上限は、原則として、月45時間・年360時間（労基法36④）となっています（当面は自動車運転業務、建設事業等一部適用猶予あり）。

臨時的な特別の事情があるため、特別条項を併せて労使協定を締結し、上限を超えることができるようにしても、月45時間を超えることができるのは、年６か月までであり、さらに時間外労働についても年720時間以内とされています（同法36⑤）。

時間外労働と休日労働合わせても月100時間未満、２～６か月平均80時間以内とする必要があります（同法36⑥）。

これらに違反すると、罰則（６か月以下の懲役または30万円以下の罰金）が適用される場合があります（同法119①）。

三六協定・特別条項を締結していないが、コロナウイルス感染で残業が増加する場合

三六協定がコロナウイルス感染の影響などで締結できない場合で、新型コロナウイルス感染防止等での社員の残業については、「当該労働の緊急性・必要性などを勘案して個別具体的に判断することになりますが、今回の新型コロナウイルスが指定感染症に定められており、一般に急病への対応は、人命・公益の保護の観点から急務と考えられるので、労働基準法第33条第１項の要件に該当し得るものと考えられます。また、例えば、新型コロナウイルスの感染・蔓延を防ぐために必要なマスクや消毒液、治療に必要な医薬品等を

緊急に増産する業務についても、原則として同項の要件に該当するものと考えられます。」と新型コロナ厚労省QA（企業の方向け）で、業務内容次第で149ページ①の緊急事態時の適用が可能としています。

また、特別条項で臨時的事項にコロナウイルス感染症の記載がない場合には、同じく新型コロナ厚労省QAで「今般のコロナウイルス感染症の状況については、３６協定の締結当時には想定し得ないものであると考えられるため、例えば、３６協定の『臨時的に限度時間を超えて労働させることができる場合』に、繁忙の理由がコロナウイルス感染症とするものであることが、明記されていなくとも、一般的には、特別条項の理由として認められるものです。なお、現在、特別条項を締結していない事業場においても、法定の手続を踏まえて労使の合意を行うことにより、特別条項付きの３６協定を締結することが可能です。」と示してありますので、特別条項未整備の場合は手続きするようにしてください。

最重要ポイント

三六協定自体の未締結・未届で残業や休日労働をさせることは禁物。特別条項未整備でも、コロナウイルス感染の影響で臨時的に残業が増える場合は追加締結と届出を!

「New Normal」でも押さえておきたい基礎知識

割増賃金の支払いと過重労働の回避

会社は、149ページ①の緊急時の許可を得て時間外労働を指示した場合でも、割増賃金の支払義務は免れません。

また、特別条項があっても、社員の安全と健康を守るための安全配慮義務がありますので、過重労働には注意が必要です。

第9節

雇用契約以外の活用とトラブル対応

応用編☆☆

1 「外注契約」の活用と留意点

Summary（要約）

1　「外注契約」とは、一定の業務や作業を外部の法人や個人に発注する契約であり、代表的な契約類型として請負契約や業務委託契約がある。

2　外注契約は、事業者同士の契約であり、労働基準法（労働者保護規制）などの適用を受けず、原則、内容を自由に定めることができるので、活用の幅が広い。

3　ただし、発注する会社と受注する会社・事業主の規模や契約内容によっては、下請法の適用を受けるほか、発注の実態によっては、法的に「外注契約」ではなく「雇用契約」と法的に評価されるリスクが高まる。

「外注契約」とその活用

「外注契約」とは、一定の業務や作業を外部の法人や個人に発注する契約であり、代表的な契約類型として請負契約や業務委託契約があります。

「外注契約」は、事業者同士の契約であり、労働基準法（労働者保護）や消費者契約法（消費者保護）の適用を受けず、原則として、内容を自由に定めることができます。会社にとっては、労働時間管理（⇨労働時間の管理方法については、本章第５節「基礎編☆」2を参照）や処遇の差異について合理性の有無に留意する必要（「同一労働同一賃金」との関係）（⇨「同一労働同一賃金」問題については、本章第３節「発展編☆☆☆」11を参照）がないことなどから、従来、社員に担当させていた業務をフレキシブルに実施するという点では、活用の幅は広いといえます。

また、コロナ禍のなかで、リモートワークを含めて多様な働き方を必要とする会社・個人が増える、副業・兼業を行う個人が増えるという流れが加速すれば、外注先の選択肢は増えてくるでしょう。

「New Normal」でも押さえておきたい基礎知識

「外注契約」のフレキシビリティ（発注者・受注者双方にとり「自由」である）

発注者・受注者双方の「自由」という観点から、もう少し掘り下げます。

発注者にとって、労働者を雇用するときに受ける制約、例えば、①労働時間を管理した上で、法定労働時間（原則、1日8時間、1週40時間）を超えてはいけない（超える場合には、三六協定を締結した上で、残業代を支払わなければいけない）、②業務所要減少により休業を命じる場合であっても賃金ないし休業手当を支払わなければいけない、③業務所要減少により解雇することも大きな制限を受ける、といった制約はなく、これらの点について原則自由です。

受注者にとっても、雇用されているときと異なり、仕事を受けない自由や、いつどのように仕事をするか制約を受けない（成果を出せば、対価をもらえる）など、時間・場所にとらわれずに仕事ができます。

《留意点①（下請法）》

発注する会社と受注する会社・事業主の規模や契約内容によっては、下請法の適用を受け、違反した会社に対する勧告・公表や罰則の適用があるので注意すべきです。下請法とは、下請事業者の利益保護などの観点から、「親事業者」と「下請事業者」との間の契約について、「親事業者」に対して義務や禁止事項などを定めています。

以下、下請法を所管している公正取引委員会が公表している内容を引用します。

▶親事業者、下請事業者の定義（第2条第1項～第8項）

(1)●物品の製造委託・修理委託
●情報成果物作成委託・役務提供委託
（プログラム作成、運送、物品の倉庫における保管及び情報処理に係るもの）

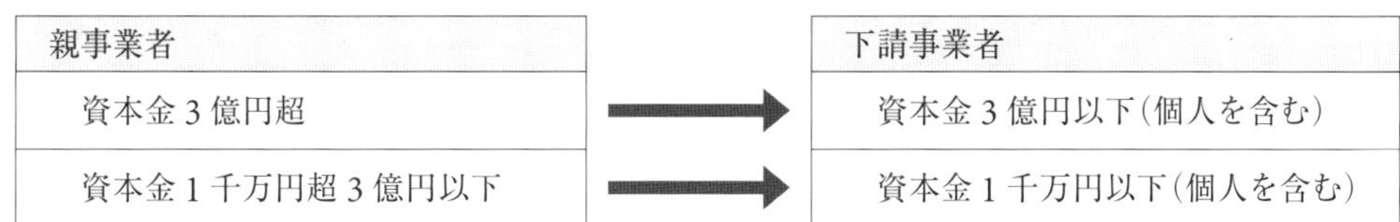

親事業者		下請事業者
資本金3億円超	→	資本金3億円以下（個人を含む）
資本金1千万円超3億円以下	→	資本金1千万円以下（個人を含む）

⑵　情報成果物作成委託・役務提供委託

（プログラム作成、運送、物品の倉庫における保管及び情報処理に係るものを除く）

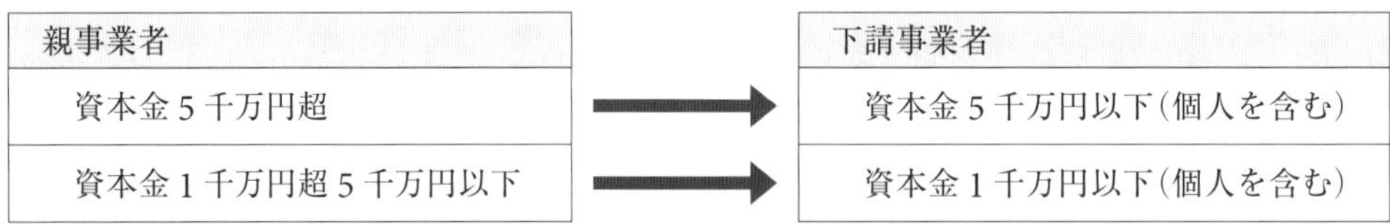

親事業者		下請事業者
資本金５千万円超	→	資本金５千万円以下（個人を含む）
資本金１千万円超５千万円以下	→	資本金１千万円以下（個人を含む）

（出所：公正取引委員会「下請法の概要」「2　親事業者、下請事業者の定義」より）

▶親事業者の義務（第2条の2、第3条、第4条の2、第5条）及び禁止行為（第4条第1項、第2項）並びに調査権（第9条）及び排除措置（第7条）

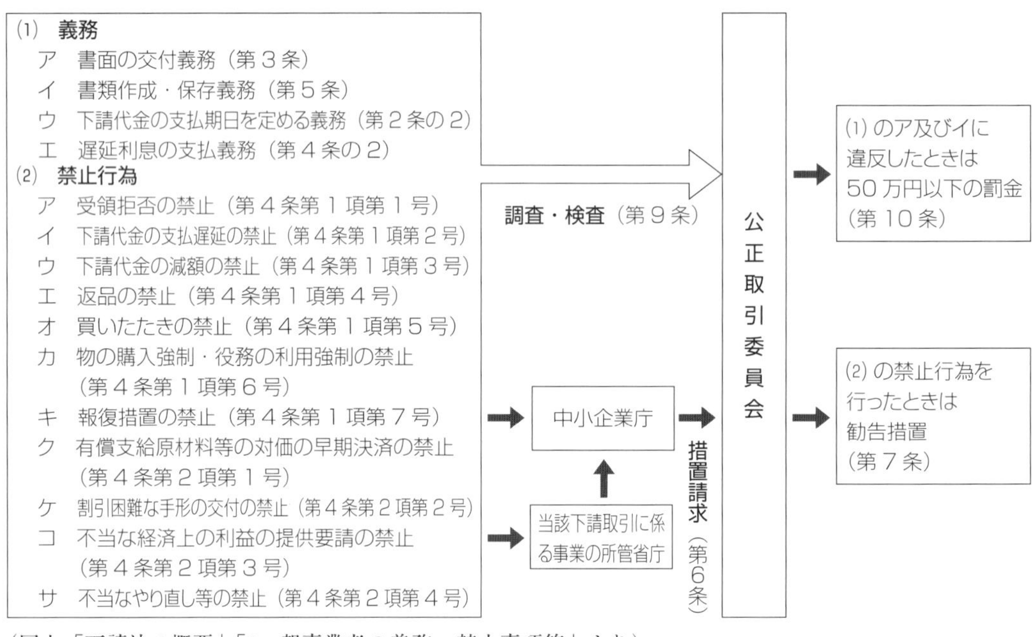

（同上「下請法の概要」「3　親事業者の義務、禁止事項等」より）

《留意点②（秘密保持対策の徹底）》

外注先に会社の情報を提供して、取り扱ってもらうことになります。社員のとき以上に、情報管理を徹底する必要があります。最低限、提供する情報を正確に把握すること、秘密保持を約束する書面の取り交わし、提供情報の返還といった秘密保持対策が必要不可欠です。

➡ 秘密保持契約については、本章第3節「発展編☆☆☆」⑩、第2章第1節「応用編☆☆」②を参照

《留意点③（契約の名称にかかわらず、雇用契約と法的に評価されるリスクがある）》

仮に、請負契約、業務委託契約といった名称の契約書を取り交わしたとしても、受注側

に仕事を受けない自由がない、仕事のやり方に制約があるなど、作業発注の実態によっては、法的には雇用契約と評価されるリスクが大きくなりますので、安易な外注化は避けるべきであり、事前に弁護士に相談することをお勧めします。

2 労働者派遣契約の中途解約

Summary（要約）

1　派遣先は、労働者派遣契約の中途解約にあたり、「自らの都合」により労働者派遣契約を解除する場合には、法律に基づき、新たな就業機会の確保や休業手当等の支払いに要する費用の負担等の措置を講じる必要がある。

2　コロナ禍において、業務所要が減少したことによる中途解約が「自らの都合」によるものに該当するかどうか、個別具体的な状況により異なる。

労働者派遣契約における法律関係

労働者派遣契約では、派遣労働者（働く人）、派遣元（働く人を雇用して派遣する人）、派遣先（派遣元と労働者派遣契約を締結して、派遣労働者を使う人）の3当事者がいます。派遣労働者を雇用しているのは派遣元であって、派遣先ではありません。もっといえば、派

◆雇用主は誰か?

派遣は、直接雇用とは異なる働き方です。

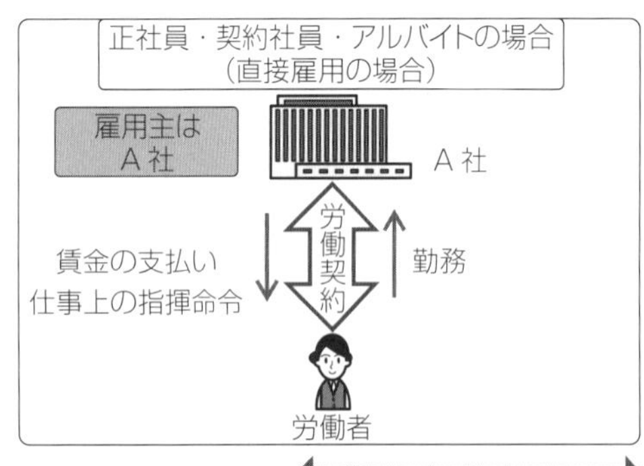

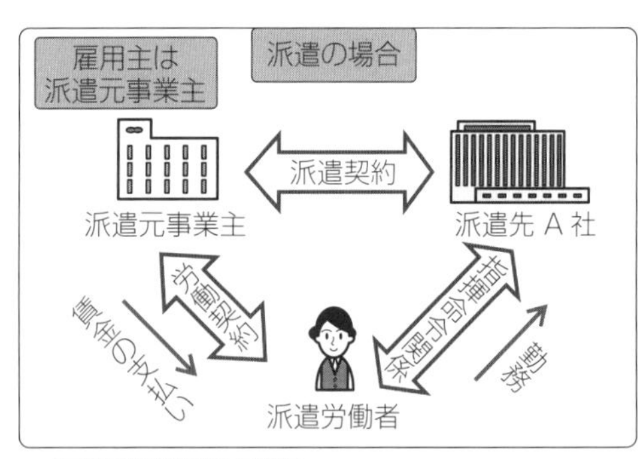

直接雇用の場合		派遣の場合
A社	労働者と労働契約を結ぶのは（雇用主は）	派遣元事業主
A社	賃金を支払うのは	派遣元事業主
A社	社会保険・労働保険の手続を行うのは	派遣元事業主
A社	勤務先は	派遣先のA社
A社	仕事上の指揮命令を行うのは	派遣先のA社
A社	年次有給休暇を付与するのは	派遣元事業主
A社	休業の際の休業手当を払うのは	派遣元事業主

労働基準法などの労働基準関係法令などについては、一部は派遣先が責務を負いますが、基本的には派遣労働者の雇用主である派遣元事業主が責務を負います。

（出所：厚生労働省「派遣労働者の皆様へ」「1　派遣の働き方」「雇用主は誰か」より作成）

遣先は、派遣労働者と直接の契約関係にはありません。

そのため、労働者派遣契約の中途解約により、派遣労働者が解雇されるわけではありません。労働者派遣契約は、あくまで、派遣元と派遣先という2つの事業主間の取引契約と考えておけば良いでしょう。

派遣先による中途解約に関する法律の規制

派遣先による中途解約に関する取扱いについては、基本的には、派遣会社と派遣先との間で締結されている労働者派遣契約の定めに従います。もっとも、労働者派遣契約では、通常、法律（労働者派遣法）による規制と同様の定めがされています。

そして、労働者派遣法は、派遣先は、自らの都合により労働者派遣契約を解除する場合には、新たな就業機会の確保、これができないときの休業手当等の支払いに要する費用の負担等の措置（以下「派遣先措置」といいます）を講じなければいけないと定めています（同法29の2）。

コロナ禍による中途解約でも、「自らの都合」か？

新型コロナ厚労省QAによれば、新型コロナウイルスの影響により事業を縮小したこと等に伴う派遣契約の解除であっても、派遣先からの申出により契約の解除を行う場合には、原則として、派遣先措置を講ずる義務があるとされています。

もっとも、改正新型インフルエンザ特別措置法に基づく緊急事態宣言下で、都道府県知事から施設の使用制限や停止等の要請・指示等を受けて派遣先において事業を休止したことに伴い、労働者派遣契約を中途解除する場合については、もはや会社によるコントロールの範疇を超えていますから、「自らの都合」に当たらず、少なくとも、休業手当等の支払いに要する費用の負担は不要と考えます。新型コロナ厚労省QAは、「一律に派遣先措置を講ずる義務がなくなるものではない」旨述べるに留めており、派遣先の費用負担の要否について、明確に言及することを避けていると思われます。

ただし、①派遣先の「自らの都合」による中途解約に当たらない場合であっても、労働者派遣法に基づき厚生労働省が定めている「派遣先が講ずべき措置に関する指針」では、関連会社での就業をあっせんするなどにより、派遣労働者の新たな就業機会の確保を図ることが必要とされていること、②労働者派遣契約を適用した上で後処理する必要があることから、いずれにせよ、派遣会社との十分な協議が必要になりますから、留意が必要です。

労働者派遣契約の一部変更の場合

労働者派遣契約の履行を一時的に停止する場合や、労働時間や日数など労働者派遣契約の内容の一部を変更する場合には、それに伴う派遣料金等の取扱いについては、派遣会社との協議により対応することになります。

最重要ポイント

派遣先は、派遣労働者と直接の契約関係にはなく、雇用主でもないが、派遣労働者の就業機会の確保を図る措置を講ずる必要があるなど、派遣労働者と無関係な立場でもない。

3 コロナ禍に起因する取引契約の不履行による法的責任

Summary（要約）

1　コロナ禍に起因する取引契約の不履行があっても、直ちに法的責任が発生するわけではない。

2　取引契約上に定めがあればそれに従うことになるが、定めがない場合には民法の規定が適用され、コロナ禍に起因する取引契約の不履行については、不履行に至った状況や負うことになる責任内容によって判断が異なると思われる。

コロナ禍において、起こり得る契約不履行の問題

コロナ禍においては、感染拡大防止の観点などから、対面でのサービスの提供が困難になったり、原材料や商品の仕入れがストップするという状況が起こり得ます。

その結果、約束していた時期にサービス提供ができなくなったり、商品の引渡しや納入ができなくなることになります。つまり、請負契約や売買契約などの取引契約上の債務の不履行になります。

ただし、取引契約上の債務の不履行＝法的責任の発生（損害賠償責任・契約解除）ではありません。そして、サービス・商品を提供する側にとって、コロナ禍は不可抗力のようなものですから、そのような場合にまで法的責任が発生するのか、という観点から検討が必要になります。

取引契約上の解釈では、どうなるか？

まず、取引契約上の解釈の問題になります。

例えば、取引契約上、感染症に起因するサービス・商品の提供の遅延の場合について、損害賠償責任を負わない旨の規定、期日の変更を認めるような規定があれば、直ちに法的責任は発生しないことになります。

ただし、日本ではコロナ禍以前、このような未曽有の感染症による取引の遅延等の事態に至ったことはほぼなく、このような定めのある取引契約は稀でしょう。

もっとも、地震や水害などの天災に起因するサービス・商品の提供の遅延の場合の取扱いについては、取引契約に定めがあることも珍しくありません。しかし、コロナ禍のような感染症について、地震や水害などの天災の規定をそのまま適用することは無理があるでしょう。

取引契約に定めがない場合には、民法の規定が適用される

取引契約に定めがない場合には、民法の規定が適用されます。

ただし、民法上、感染症によるサービス・商品の提供の遅延について、定めがあるわけではありません。

民法は、「債務者の責めに帰することができない事由」による債務の不履行について、債務者の損害賠償責任が発生しない旨を定めています（民法415）。つまり債務を負う側の「帰責事由」がなければ損害賠償責任を負いません（ただし、金銭の支払いに関する債務の不履行については、損害賠償責任を免れません）。「帰責事由」については、コロナ禍を理由として一律に帰責事由がないと判断されるわけではなく、債務不履行の理由を含む個別具体的な事情に応じて判断が異なってきます。緊急事態宣言の発令や休業要請の有無によっても、判断は変わり得るでしょう。

逆に、契約の解除については、民法上、帰責事由がない場合であっても認められます。つまり、サービス・商品の提供を受けられない側（債権者）は、契約を解除することによって、契約を解除して、代替となるサービス・商品の供給先を探すことができます（もっとも、コロナ禍において、代替供給先が見つかるかどうかは別論です）。サービス・商品を提供する側にとっては、代替日の提案を受け入れてもらえず、契約解除されてしまったら、その結果を受け入れざるを得ないことになります。

「New Normal」でも押さえておきたい基礎知識

消費者契約法による修正の有無

「消費者契約」とは、個人（個人事業主である場合を除きます）と事業者（法人のほか、個人事業主を含みます）との間で締結される契約をいいます。簡単にいえば､広く「B to C」の契約をいいます。

本来、契約については、「契約自由の原則」という考え方に基づいて、契約内容を当事者が自由に決めることができます。しかし、消費者契約については、消費者契約法という法律によって、消費者と事業者との間に情報の質量や交渉力の格差があることから、消費者の利益を特に保護する観点から、仮に当事者間の合意があったとしても、法律に反する契約内容は強制的に修正されることになります。

例えば、「事業者の損害賠償の責任を免除する条項等の無効」「消費者の解除権を放棄させる条項等の無効」「消費者の利益を一方的に害する条項の無効」といった規定がありますから、上記で述べた民法上認められた解除権を放棄させる条項を契約で定めた場合であっても、消費者契約法により効力がなくなると解されますので、注意が必要です。

第2章

コロナ禍時代のダメージコントロール

第1節

経費節減

応用編 ☆☆

1 オフィス縮小、賃料負担軽減

Summary（要約）

1　テレワークの実施・推進により、オフィスに不要スペースができる場合、賃貸借契約の中途解約によるオフィスの縮小・移転は、有力な経費節減策である。

2　賃貸借契約では、通常、中途解約時の事前予告条項が定められており、早めの経営判断が求められる。

3　法律上、賃料の負担軽減の方策はあるが、貸主との協議が整わない場合、裁判手続きを取る必要がある上、裁判所に認めてもらうためのハードルは高い。

4　「家賃支援給付金」の受給要件を充たしていれば、申請すべきである。

テレワークの実施・推進に伴うオフィスの縮小・移転

テレワークの実施・推進により、オフィスに不要スペースができる場合もあるでしょう。そして、不要スペースにも家賃は発生しており、固定費です。

テレワークの実施・推進によって、例えば、複数の区画のうち一部の区画が不要になる場合には、不要区画の中途解約によりオフィスを縮小すれば良いでしょう。場合によっては、賃料相場の動向をみながら、原状回復費用や移転費用を踏まえても、より適正な面積の安価なオフィスに移転することも検討すべきです。

このように、賃貸借契約の中途解約によるオフィスの縮小・移転は、有力な経費節減策です。

賃貸借契約の中途解約条項を踏まえた早めの経営判断が必要

賃貸借契約では、通常、中途解約時の事前予告条項が定められています。例えば、次のような条項になります。

第○条（解約）　入居者は○か月前に書面により予告をすることによって、本契約を解約することができる。ただし、解約予告日から○か月分の賃料等相当額を支払えば、入居者は本契約を即時解約できる。

事業用物件の賃貸借契約では、予告期間は３～６か月間とされているのが一般的です。つまり、賃貸借契約で定められている一定の予告期間（例えば、３～６か月間）については、借りている物件が不要であっても、賃料の支払いを免れないことになります。

そのため、オフィスの所要面積の予測がついた段階で、そのときの賃料相場の動向や、原状回復費用や移転費用を踏まえつつ、ランニングコスト節減の観点から、賃貸借契約を中途解約するかどうか、早めの経営判断が必要になります。

法律上、賃料の負担軽減の方策はあるが、貸主との協議が整わない場合、裁判手続きを取る必要がある上、裁判所に認めてもらうためのハードルは高い

借地借家法という法律上において、次のとおり、賃料の負担軽減の方策が定められています（借地借家法32）。

なお、賃貸借契約においても、同様の定めがされている場合が多くみられます。逆に、賃貸借契約上、「賃料の減額はしない」という条項が定められている場合であっても、定期借家契約（借地借家法38）であるときを除いて、その条項は無効と解されますから、賃料減額請求は可能です。

（借賃増減請求権）
第32条　建物の借賃が、土地若しくは建物に対する租税その他の負担の増減により、土地若しくは建物の価格の上昇若しくは低下その他の経済事情の変動により、又は近傍同種の建物の借賃に比較して不相当となったときは、契約の条件にかかわらず、当事者は、将来に向かって建物の借賃の額の増減を請求することができる。

つまり、借主は、主として次の事情により賃料が不相当になったときは、賃料の額の「減少」を請求することができます。

① 土地もしくは建物に対する租税その他の負担の増減

② 土地もしくは建物の価格の上昇もしくは低下その他の経済事情の変動

③ 近傍同種の建物の借賃との比較

ただし、租税その他の負担、経済事情の変動、近傍同種の建物の借賃は、すぐに大きく変わることはありません。例えば、新型コロナウイルスの影響による経済活動の停滞長期化によって、景気が継続的に悪化して（経済事情の変動）、近隣の家賃水準が下落した場合には（近傍同種の建物の家賃水準）、賃料減額請求は認められる可能性が出てくるものの、新型コロナウイルスの影響による経済活動の停滞が一時的なものに留まる場合であって、貸主との協議が整わないときには、賃料減額請求が認められる可能性は低いでしょう。

また、貸主との協議が整わない場合には、裁判手続きにより実現する必要がありますので、相当の期間と費用がかかります。

「家賃支援給付金」の受給要件を充たしていれば、申請すべきである

コロナ禍に伴い、政府は、家賃支援給付金制度を創設しました。売上減少等の要件を充たせば、最大、賃料の３分の２相当額の６か月分（ただし、上限額あり）の給付を受けることができますから、賃料減額請求権の行使より容易でしょう。

https://yachin-shien.go.jp/docs/pdf/pamphlet.pdf

取り急ぎ、貸主に対して一時的な賃料減額を依頼するという選択肢もある

単なるお願いベースではありません。なぜなら、貸主は、①借主が破産等した場合には、未払賃料等が回収不能になるほか、残置物処分費用及び原状回復費用を自ら出費するという重大なリスクを抱えていること、②現在の借主が退去した場合、次に賃料が得られるまで相当程度の期間を要すること（景気後退局面においては長期化のリスク大）から、現在の借主には長く入居していてほしいと考えていることが多いからです。

2 ワークシェアリングと副業・兼業勧奨

Summary（要約）

1 with コロナ、after コロナにおいて、中長期的な業績悪化及び業務所要減少が見込まれる場合であっても、人件費節減策としての解雇・雇止めは、法的にはハードルの高いダメージコントロール策である。

2 現実的なダメージコントロール策として、ワークシェアリングによる減給と副業・兼業勧奨がある。

3 ワークシェアリングによる減給について、対象社員の同意が必要になるため、副業・兼業勧奨とセットにした上で、具体的事情を丁寧に説明して、理解を得る努力を尽くすべきである。

4 副業・兼業勧奨については、特に留意すべき点もある。

人件費節減策としての解雇・雇止めのハードルの高さ

業種・業態によっては、withコロナ、afterコロナにおいて、中長期的な業績悪化及び業務所要減少が見込まれる場合があるでしょう。

このような場合、例えば、アメリカでは「レイオフ（lay off）」、つまり、業績悪化時に一時的な解雇が行われます。

一方、日本では、解雇について解雇権濫用法理（労契法16）による無効のリスクがあり、業績悪化及び業務所要減少による解雇（整理解雇）であっても、有効と判断されるための要件の充足は簡単ではなく、ハードルが高いというべきです。正社員の解雇だけではなく、期間の定めのある社員（有期雇用社員）についても、同様です。

少なくとも、整理解雇・雇止めした社員から、裁判を提起されるリスクがあることから、慎重な検討が必要になります。

➡ 整理解雇・雇止めについては、本章第2節「発展編☆☆☆」5を参照

現実的なダメージコントロール策：ワークシェアリングによる減給と副業・兼業勧奨

比較的容易に選択し得る現実的なダメージコントロール策として、ワークシェアリングによる減給と副業・兼業勧奨があります。

ワークシェアリングによる減給について、対象社員の同意が必要

テレワークを実施するための一時的なワークシェアリングについては、すでに述べたとおりです。

➡ テレワークを実施するための一時的なワークシェアリングについては、第1章第2節「応用編☆☆」③を参照

中長期的な業績悪化及び業務所要減少によるワークシェアリングについては、留意点が異なります。

すなわち、業務命令によって、雇用契約で定められている就労日を減らして、休業させること自体は可能です。なぜなら、社員は、会社に対して、労働することを請求する権利は有していないからです。

一方、会社は、経費節減を目的としてワークシェアリングを選択するわけですから、休業させた日について給料を減額することになります。しかし、会社は、雇用契約で定められている就労日について、現に労働させる義務は負わないものの、減らした就労日につき減給するには、社員の同意を得る必要があります。会社としては、コロナ禍による取り巻く状況の変化、会社存続のために必要な手段であることなど、具体的事情を丁寧に説明して、理解を得る努力を尽くすべきです。

ワークシェアリングによる減給とセットにすべき副業・兼業勧奨とその留意点

副業・兼業勧奨は、ワークシェアリングによる減給について、社員の理解を得やすくするための方策です。見方を変えれば、ワークシェアリングによる減給を提案しながら、副業・兼業を認めない、というのでは、社員の理解は得られないと考えておいたほうが良い

でしょう。つまり、副業・兼業勧奨は、ワークシェアリングによる減給とセットにすべきです。

副業・兼業勧奨に際して、労働時間の通算・長時間労働の防止、秘密保持義務の徹底（同業他社での副業・兼業の禁止を含みます）に留意する必要があります。

➡ 詳細については、第1章第3節「発展編☆☆☆」⑩を参照

3 事業所閉鎖と配転命令

Summary（要約）

1　withコロナ、afterコロナにおいて、中長期的な業績悪化及び業務所要減少が見込まれる場合、事業所閉鎖という経営判断もあり得る。

2　事業所閉鎖に伴う配転命令については、解雇と異なり、会社の判断は原則尊重されると考えて良い。

事業所閉鎖の経営判断

withコロナ、afterコロナにおいて、短期的ではない業績悪化及び業務所要減少に直面した場合、事業所閉鎖という経営判断もあり得ます。また、テレワーク実施・促進により、事業所の廃止・統合を行い、賃料等を削減するという経費節減策は合理的です。

会社の配転命令権にも限界はあるが、事業所閉鎖による配転命令の場合においては、会社の判断が尊重される可能性が高い

会社は、一部例外を除いて、社員に対する配転命令権を有しています。つまり、社員の同意は不要です。ただし、職務や勤務地が限定される社員など、配転命令の根拠（配転命令権）を欠く社員または配転命令権に制約のある社員については、同意を得る必要があります。

会社が配転命令権を有する社員についても、法律上、無制限に人事発令（配転命令）を行えるわけではありません。正当な組合活動を理由とする不利益取扱い、性別、国籍、社会的身分を理由とする差別的取扱い、配権命令権濫用は効力がありません。そして、濫用と評価される配転命令権の行使とは、①業務上の必要性がない場合、②不当な動機・目的によるものである場合、③労働者に通常甘受すべき程度を著しく超える不利益を負わせる場合、があります。

事業所閉鎖による配転命令の場合、③が問題になります。例えば、重篤な病気の家族を介護しなければならない場合であって、配転によって単身赴任や長時間通勤を余儀なくされ、介護ができなくなってしまう、といったケースが考えられます。もっとも、裁判例においては、配転による社員の不利益が著しいといった「特段の事情」がある場合に無効と判断されているのであって、解雇の場合とは異なり、会社の判断は原則尊重されると考えて良いでしょう。

なお、会社は、合理的理由なく配転命令を拒否する社員について、業務命令違反として、懲戒処分や解雇を検討すべきです。

「New Normal」でも押さえておきたい基礎知識

職務限定社員・勤務地限定社員とそのメリット

職務限定社員・勤務地限定社員について、配転命令権の根拠を欠く、または配転命令権に制約がありますが、例えば、職務限定社員については、「人事部長」などと職務を限定している場合、それ以外の職務への配転を命じる根拠を欠きますし、勤務地限定社員については、例えば勤務地を「東京都（23区内）」としている場合には、それ以外の場所に所在する事業所への配転を命じる根拠がありません。

社員にとっては、例えば職務限定の場合には、それ以外の不得手な業務に従事する必要がないメリットがあり、勤務地限定の場合には、それ以外の地域に通勤する必要がないことから、育児介護のみならず、マイホーム購入等を含めたライフプランを立てやすいメリットがあります。

会社にとっても、メリットがある場合があります。

つまり、正社員として勤務したいけど、職務や勤務地が限定されていないことによるリスクを考えて非正規社員として就労している人を含め、幅広い人材を活用できる可能性が高まります。

そして、職務限定社員については、「人事部長」のように、高い地位・高給で待遇する社員をその職務限定で中途採用する場合、高度の技術能力を有する即戦力として会社に貢献することが求められますから、その技術能力を欠く場合には、一般の社員と比べて比較的容易に解雇することができます。

また、勤務地限定社員については、テレワークの活用によって、不都合を相当程度解消することも可能です。

このように職務限定社員・勤務地限定社員は、社員にとっても、会社にとってもメリットがあり得ますから、人材活用の一つのあり方として検討する価値があるでしょう。

第2節

効率的な人材活用・人員削減とトラブル対応

応用編 ☆☆

1 「新しい」成果主義の導入（業務の明確化、成果とプロセスの適正な評価及び処遇）

Summary（要約）

1　かつての成果主義の問題点：成果の評価が困難な組織・業務だったこと、成果に直結しない作業に取り組む社員が、不満・不公平感を持ったことにある。

2　「新しい」成果主義は、業務の明確化、成果とプロセスの適正な評価、評価に則した処遇である。

3　社員に支払う給与の原資は限定されるなか、適正な評価を処遇に反映させなければ、組織の活性化・社員のモチベーションアップにつながらない。

かつての成果主義の失敗

かつて、成果主義がブームになっていた時期があります。

簡単にいえば、社員との面談で１年間の目標を設定して、その達成度合をベースとして人事評価を行い、それが給与（賞与を含みます）にも反映される、という仕組みです。

しかし、導入した多くの会社において、多くの社員が不満や不公平感を持ったり、高い評価の社員を管理職に昇格させてもうまく機能しない、などの弊害があったことから、定着しなかったといわれています。

かつての成果主義の問題点①：成果の評価が困難な組織・業務だったこと

日本の会社は、組織単位で業務を行っており、単位組織内の業務分担が明確ではないことが多いものです。一人ひとりの業務の成果を正確に評価する前提を欠いているのです。

しかも、長い間、終身雇用制のもと、就業年数を経るごとに職務遂行能力が伸長することを前提として「職能制度」を採用してきたため、担当業務を正確に把握した上で、その正確な評価を行うことは簡単ではありません。

また、職務の種類によっては、営業や生産現場のように最終的な成果が数値となって現れるため、業績評価が比較的容易な職務もありますが、企画、開発のように目に見える評価が短期的に現れることが稀な職務もあります。そもそも成果の評価が困難であったという事情もあります。

かつての成果主義の問題点②：成果に直結しない作業に取り組む社員が、不満・不公平感を持ったこと

成果のみに偏重して評価してしまった会社では、一部の社員が成果につながる業務以外に興味を示さなくなり、組織のチームワークや一体感が欠如したり、ノウハウの共有・承継が行われない、といった弊害が発生しました。

同時に、成果に直結しない作業に取り組む社員にとっては、不満・不公平感を持つ大きな要因になります。

「新しい」成果主義は、業務の明確化、成果とプロセスの適正な評価、評価に則した処遇である

「新しい」成果主義は、公正であって、多くの社員が公平感を持つものでなければなりません。そのため、業務の明確化、成果とプロセスの適正な評価、評価に則した処遇が必要になります。

① 業務の明確化（作業の洗い出し）について

➡ 業務の明確化（作業の洗い出し）については、第1章第5節「応用編☆☆」⑧を参照

② 成果のみならず、プロセス評価も欠かせない

➡ 成果・プロセスの評価については、第1章第5節「応用編☆☆」⑧を参照

③　業務評価・人事評価のポイント

➡ 業績評価・人事評価のポイントについては、第1章第5節「応用編☆☆」⑧を参照

社員に支払う給与の原資は限定されるなか、
適正な評価を処遇に反映させなければ、
組織の活性化・社員のモチベーションアップにつながらない

適正な評価は、処遇に反映されなければ、組織の活性化・社員のモチベーションアップにつながりません（さらにいえば、組織力の減退・社員のモチベーションダウンの要因になります）。

処遇のあり方として、良い評価の社員を昇給・昇格させることが考えられます。ただし、会社が社員に支払う給与の原資はおのずと限られます。そのため、上げる人がいれば、下げる人がいるようにする必要があります。少なくとも、降給・降格を、人事制度・賃金制度において、明確に位置付けておくことが必要でしょう。

そして、人事制度・賃金制度の改定は、場合によっては就業規則の不利益変更に当たりますから、社員の同意が得られない場合には効力が否定されることもあります（労契法9、10）。さらに、就業規則の不利益変更の観点から効力が否定されない場合であっても、降給・降格の程度によっては、効力が認められないこともあるので、注意が必要です。

また、賞与の支給額算定にあたり、評価に応じて大きくメリハリをつける、という対応もあります。

「新しい」成果主義の実現と、弁護士・社会保険労務士の活用

業績評価・人事評価のポイントのなかでも言及しましたが、新しい成果主義の導入にあたり、外部のコンサルタントへの依頼も有用ですが、適切な依頼先を選択することは容易ではありません。

また、成果を処遇に反映させるにあたり、就業規則の不利益変更などの法的な問題もあります。

以上を踏まえ、「新しい」成果主義を実現するために、人事労務管理に強い弁護士・社会保険労務士の活用を検討してみても良いでしょう。

2 業務フローの検証及び改善（不要作業の洗い出し）

Summary（要約）

1　テレワーク実施または「新しい」成果主義の導入にあたり、業績評価・人事評価を行うには、業務の明確化が必要であり、作業を記録化し、業務ごとに作業を整理する。

2　作業整理の過程において、成果につながらない不要な作業・評価に値しない作業を洗い出して、それら作業を業務フローから排除することにより、業務フローの改善を図るべきである。

3　円滑な業務遂行を阻害する要因については、代替方法を積極的に探究すべきである。

業務の明確化と作業の記録化と整理

➡ 業務の明確化、作業の記録化と整理については、第1章第5節「応用編☆☆」8を参照

成果につながらない不要な作業・評価に値しない作業、の洗い出し

作業を整理する過程において、成果につながらない不要な作業・評価に値しない作業、を洗い出して、それら作業を業務フローから排除することにより、業務フローの改善を図るべきです。

管理職の役割については、厳格に検証すべきである

特に管理職について、組織の維持・発展につながる価値を提供できているかどうかという観点から、厳格に検証すべきです。場合によっては、管理職に付与している権限について、ルールを明確化した上で担当者に付与し直すといったことにより、迅速円滑な業務フローを実現し、不要な役職を排除するという人材の効率的利用を図ることも可能になりま

す。

円滑な業務遂行の阻害要因について、代替方法を積極的に探究すべき

円滑な業務遂行を阻害する要因（例えば、契約書・請求書への印鑑の押印など）については、代替方法を積極的に探究すべきです。

➡ 電子契約の活用については、第1章第5節「応用編☆☆」⑨を参照

検証にあたって、社員との対話をベースにする必要がある

成果につながらない不要な作業・評価に値しない作業の検証について、確たる正解があるわけではありません。

そのため、各社員の納得が重要であり、社員との対話をベースとして、一定期間かけて丁寧に検証したほうが良いでしょう。

3 「外注契約」への恒常的シフト

Summary（要約）

1 「外注契約」とは、一定の業務や作業を外部の法人や個人に発注する契約であり、代表的な契約類型として請負契約や業務委託契約がある。

2 「外注契約」は、事業者同士の契約であり、労働基準法（労働者保護規制）などの適用を受けず、原則、内容を自由に定めることができるので、活用の幅が広く、「外注契約」への恒常的シフトによる経費節減上のメリットは大きい。

3 「外注契約」への恒常的シフトにあたり、3つのポイントを押さえておきたい。

「外注契約」への恒常的シフトと経費節減上のメリット

「外注契約」とは、一定の業務や作業を外部の法人や個人に発注する契約であり、代表的な契約類型として請負契約や業務委託契約があります。

「外注契約」活用のメリットは、すでに説明したとおりですが（⇨外注契約の活用と留意点については、第1章第9節「応用編☆☆」1を参照）、特に経費節減上のメリットに着目すれば、契約内容決定の自由度の高さから、対価について、売上げの多少にかかわらず発生する固定費ではなく、売上げに応じて発生する売上原価に位置付けることができます。

日本の労働法が労働者を手厚く保護しており、業績悪化等に伴う解雇・雇止めの効力を容易に認めないなかで、ニーズマッチが前提であるものの、経費節減を実現することが可能であり、そのメリットは大きいでしょう。

「外注契約」への恒常的シフト、3つのポイント

(1) 発注内容の選択

① 独自性のない事務作業を外注する

例：会計業務、請求書作成、経費精算、給与計算など

② 対価を固定費から売上原価に変更できる業務を外注する

例：「営業」を外注化して、対価を成約額（売上額）に応じて算定する

③ 人材育成が容易ではない専門性の高い業務を外注する

例：社会保険、労働保険の保険料算定業務を社会保険労務士に外注する

(2) 発注内容の具体化及び対価算定方法の明確化

・発注内容を具体化した上で、発注量に応じた対価算定方法を明確化する

・成果不備に対する責任を明確化する（対価減額など）

(3) 代替発注先の確保

・雇用契約と異なり、相手方において取引中断・受注拒絶は基本的に自由であるため、代替の発注先を確保しておく

「外注契約」活用上の３つの留意点

➡ 外注契約の活用と留意点については、第1章第9節「応用編☆☆」1を参照

社員を「外注」に転換するという選択肢もある

一般の社員について、成果とプロセスで業績評価・人事評価する制度を導入した場合、「外注」への転換も選択肢になり得ます。

➡ 新しい成果主義（業務の明確化及び成果とプロセスの適正な評価）については、第1章第5節「応用編☆☆」8を参照

事務作業を担当する社員については、電話対応、掃除、お茶出し、コピーなどの雑務を担当していて、担当業務の範囲及び質量が明確でない場合も多いでしょう。そのため、給与は、担当業務の質量を踏まえた成果への対価ではなく、出勤時刻から退勤時刻までオフィスで拘束され、指示された作業に従事することへの対価という性格が強いはずです。テレワークの導入によって、オフィス縮小、出勤社員減少などにより、オフィスでの雑務が減少すれば、オフィスでの雑務対応の社員は不要になります。

その場合、事務作業を担当する社員についても、業務範囲と質量を明確に決めて、それに対する対価を支払うという取扱いも可能になります。つまり、「外注」への転換も選択肢になり得ます。

「外注」へ転換するには、対象社員の同意が必要です。「外注契約」は、発注者のみならず、受注者にとっても「自由」であり（⇨外注契約の活用と留意点については、**第１章第９節**「応用編☆☆」[1]を参照）、社員にとってもそうした業務の「外注」への転換によって、よりフレキシブルな働き方ができることになり、介護や育児との両立が可能になるというメリットがあることから、社員の状況や会社による説明内容次第では、「外注」への転換が実現できるでしょう。

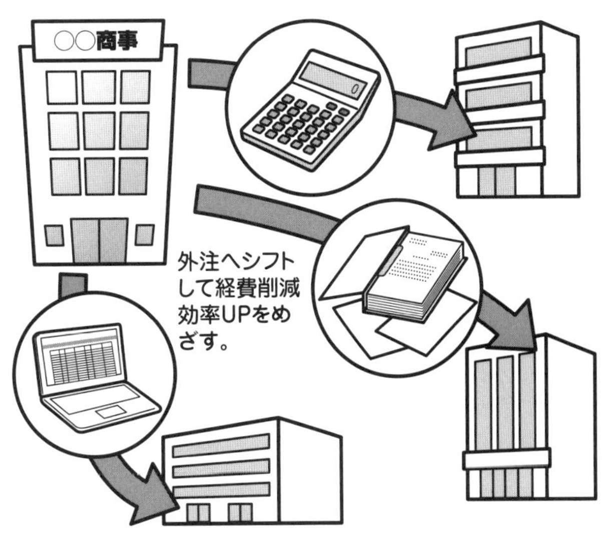

発展編☆☆☆

4　退職勧奨

Summary（要約）

1　「退職勧奨」による退職＝会社都合による合意退職

2　会社は、解雇する前に、退職勧奨を行うべきである。

3　退職勧奨は「違法」となることもあり得るので、十分な説明と実施回数・態様等に留意すべきである。

4　退職勧奨の目的を達成するためには、対象となる社員の経済的不安を可能な限り払拭することが重要である。

「退職勧奨」による退職＝会社都合による合意退職

「退職勧奨」とは、会社から社員に対して、任意で退職に応じるよう促し、説得を行うことです。会社からの「退職勧奨」を社員が受け入れて退職を申し入れる場合、会社は当然承諾しますから、合意退職になります。ポイントは、社員が退職を受け入れること、つまり自由な意思により退職を選択することです。

「解雇」の前に、退職勧奨を行うべき

会社は、業績悪化等により、社員を減らす必要がある場合、解雇・雇止めをする前に、退職勧奨を行うべきです。なぜなら、解雇・雇止めについては、後述するとおり、法的に無効と判断されるリスクがあるからです。

➡ 整理解雇・雇止めについては、本章第2節「発展編☆☆☆」5を参照

退職勧奨が「違法」とならず、目的を達成するために

退職勧奨は、社員が自由な意思により退職を選択することですから、社員において、強制されたと感じる態様で行った場合、「違法な」退職勧奨になり、退職の効力が認められないリスクがあるほか、会社の不法行為となり損害賠償義務を負うこともあります。

一方、会社が退職を促す理由を十分に説明しなければ、社員も退職を申し入れる可能性は低くなります。そのため、会社は、対象社員に対して、退職を促す理由を十分に説明した上で、十分に考える時間を与えて、仮に、社員において「退職しない」と判断した場合には、同様の理由による退職勧奨を繰り返さないようにすべきです。

その他、違法と評価されないために留意すべき点

退職を促す理由を十分に説明するとしても、次のような態様は避けるべきでしょう。

・頻回・短期間で行わない（同じ状況及び同じ理由で複数回行わない、違う状況・違う理由であっても、短期間に頻回に行わない）
・長時間行わない（どんなに長くても、1回1時間を超えない）
・適切な人数で行う（対象者は1人、実施者は1人か2人）
・適切な場所で行う（圧迫感のある場所、他社員が聞こえる場所を避ける）
・穏当な言葉を使う（丁寧な言葉、穏当な内容にして、対象者を責める言葉を避ける）

目的を達成するために、
社員の経済的不安を可能な限り払拭するよう努めるべき

社員が退職も致し方ない、と考えていた場合であっても、経済的不安から（退職により収入が得られなくなり、かつ、次の就職先が見つかるか不安）、退職に踏み切れない場合が多いでしょう。そこで、失業給付の説明（「会社都合」の取扱いになることを含みます）のほか、退職した場合の優遇措置（パッケージ）として、特別退職金の支給、退職日時点で余っている有給休暇の買取り、一定期間の転職支援サービス（会社費用負担）の利用といった提案を合わせて行うと目的を達成できる可能性が高まるでしょう。

5 整理解雇・雇止め

Summary（要約）

1　整理解雇とは、対象社員につき特段の落ち度がないものの、会社側の経営上の理由により行われる解雇のことである。

2　整理解雇の有効要件として、4要件（4要素）（人員削減の必要性、解雇回避のための努力義務の履行、対象者（被解雇者）選定の合理性、手続きの妥当性）を充足する必要がある。

3　有期雇用社員の「雇止め」については、正社員の整理解雇と比較すれば、相対的に有効性が認められやすい。

解雇権濫用法理とは?

労働契約法第16条は「解雇は、客観的に合理的な理由を欠き、社会通念上相当であると認められない場合は、その権利を濫用したものとして、無効とする。」と定めています（解雇権濫用法理）。つまり、会社は、社員に対する「解雇権」を有しているものの、それを「濫用した」場合には効力が認められません。しかも、裁判では、解雇が「濫用した」と判断されるリスクは高い、換言すれば、解雇が有効と判断されるためには相当高いハードルをクリアする必要があります。

整理解雇とその有効要件（4要件）

「整理解雇」とは、通常の解雇（普通解雇）の一類型です。

普通解雇の他の類型や懲戒解雇とは異なり、対象社員につき特段の落ち度がないものの、会社側の経営上の理由により行われる解雇のことです。

裁判では、整理解雇の有効要件として、次の4要件（4要素）を充足する必要があると解されています。

①　人員削減の必要性

②　解雇回避のための努力義務の履行

③　対象者（被解雇者）選定の合理性

④　手続きの妥当性

①　人員削減の必要性

整理解雇を行うには、人員を削減する経営上の相当程度の必要性が認められる必要があります。

判例は、会社の維持・存続が厳しいなど、人員削減の高度の必要性が認められる場合だけではなく、会社の経営判断を尊重して人員削減の必要性を広く認める傾向にあります。例えば、経営合理化、競争力強化という目的であっても、人員削減の必要性が認められることもあります。

②　解雇回避のための努力義務の履行

正社員については、解雇は最後に選択する手段と解されています。

判例は、役員報酬の不支給・減額、賞与の不支給・減額、昇給の停止、新規採用の停止、希望退職者の募集、配置転換・出向・転籍による会社の負担軽減、派遣労働者・業務委託等外部労働力の整理のほか、有期雇用社員の「雇止め」が行われているかどうかなど､正社員の解雇の前に取り得る措置を講じているかどうか､厳しくチェックしています。

③　対象者（被解雇者）選定の合理性

労働組合員や性別といった法律上差別的取扱いが禁止されている事項に着目した選定については、合理性は認められません。

そうではない選定であっても、会社の恣意が入り込む可能性が高い基準により選定している場合には、整理解雇が無効とされるリスクが高まります。例えば、判例は、JAL客室乗務員の整理解雇について、①休職者基準、②病欠日数・休職日数基準、③人事考課基準、④年齢基準について、企業貢献度、特に将来の業務に対する貢献度に着目したものであると肯定的に評価した上で、①、②、④について、会社の恣意が入る余地の少ない客観的に優れた基準である、と高く評価しています。

④　手続きの妥当性

整理解雇にあたって、手続きの妥当性は非常に重視されます。労働者・労働組合との間で、説明・協議、納得を得るための手続きを取ることは必須でしょう。また、手続きを取れば良いというだけでなく、ある程度の期間をかけて繰り返し行う必要があると考えておくべきです。

有期雇用社員の「雇止め」について

正社員の整理解雇にあたり、有期雇用社員の「雇止め」(更新拒絶)を行っているかチェックされることからわかるとおり(②解雇回避のための努力義務の一内容)、正社員の解雇と比較すれば、相対的に有効性が認められやすい傾向にあります。

ただし、基本的には、前述した4要件(4要素)を充たすようにすることが求められると考えておくべきです。リスク回避の観点から、雇用継続を望む対象社員については、一度だけ更新することとして、その際「更新後の期間満了時には更新しない」ことを明らかにしておくと良いでしょう。

なお、対象社員から、承諾書面を個別に取得しておけば、法的紛争を未然に防ぐことができます。

「New Normal」でも押さえておきたい基礎知識

有期雇用社員の期間途中での解雇は、無効となる可能性が極めて高い

法律上、有期雇用社員について、「やむを得ない事由があるとき」は直ちに契約を解除することができる、とされています(民法628)。

しかし、この「やむを得ない事由」は極めて厳格に判断されるため、例えば、会社の事業を停止して解散するといった特段の事情でもない限り、期間途中における解雇につき裁判においてその主張が認められることはないと考えておいたほうが良いでしょう。

ただし、社員は、労働することを求める権利を有しているわけではありませんから、残りの期間の給与相当額を支払うことによって、法的紛争を未然に防ぐことができるでしょう。

第3節

会社経営が悪化したときの対応

応用編☆☆

1 会社再建（債務整理）の手段（私的整理手続き、再建型の法的倒産手続き）

Summary（要約）

1　会社再建（債務整理）の必要性がある場合、主たる手段として、私的整理手続きと再建型の法的倒産手続きがある。

2　それぞれの手続きの特徴を踏まえて、会社再建にとってより適切な手続きを選択したい。

会社再建（債務整理）の必要性

会社の経営が悪化した場合、好転することなく時間が経過すれば、いずれ資金繰りが行き詰まります。その結果、債務の弁済ができなくなり、債権者から預貯金や不動産、設備機械などを差し押さえられたり、手形の決済や社員への給与の支払いができなくなるなどして、事業の継続が困難になります。

このような事態を避けるためには、一定のルールに従って、債務の弁済を一時停止して、事業計画や弁済案を策定して、債権者の同意を得て、事業継続と債務弁済を両立させることにより、窮状を脱する必要があります。その主たる手段として、私的整理手続きと再建型の法的倒産手続きがあります。

私的整理手続きと再建型の法的倒産手続き

再建型の法的倒産手続きには、民事再生手続き、会社更生手続きがあります。いずれも、法律で定められたルールに基づいて、裁判所の監督下で行われる手続きです。

私的整理手続きは、法律で定められたルールはなく、裁判所の関与もなく、債権者と債務者との間の自主的な協議により債務を整理することの総称です。

まずは私的整理手続きを検討すべき

法的倒産手続きは、仕入先などの取引先を含めたすべての債権者を対象として、債務の弁済を一時停止して、債権額の減額ないし債務免除を要請する手続きです。法律で定められたルールに基づいて、債権額の減額ないし債務免除を実現することができますが、裁判所の監督下での手続きであり、すべての債権者が手続きに参加することができるよう、法的倒産手続きを取っていることが一般に公表されますし、手続きが煩雑で時間もかかります。その上、得意先から事後の取引を拒絶されることもあるなど、事業価値は大きく毀損されます。

これに対して私的整理手続きは、一般的には金融機関のみを対象とし、仕入先などの取引先債権者を対象とせず、非公開の手続きで進行しますから、事業価値の毀損を最大限回避することができます。

そのため、まずは、私的整理手続きを検討すべきでしょう。

私的整理手続きの種類とその限界

私的整理手続きには、中小企業再生支援協議会による中小企業再生支援スキーム（https://www.chusho.meti.go.jp/keiei/saisei/2019/190925saisei.htm）、事業再生実務家協会による特定認証ADR手続き（事業再生ADR）（https://turnaround.jp/adr/index.php）、私的整理ガイドライン（金融機関も参加して策定した紳士協定のようなもの）を利用した手続きや、特定の金融機関との間でリスケ交渉を行うケースなど、様々な態様が考えられます。

ただし、私的整理手続きでは、いずれについても、債務の減額ないし債務免除を要請するすべての債権者から、同意を得る必要があります。必要な同意が得られない場合には、法的倒産手続きを取らざるを得なくなります。

再建型の法的倒産手続きを検討すべき場面

裁判所の監督下で債務を整理する法的倒産手続きのうち、事業の継続を図る再建型の手続きとして、民事再生手続き及び会社更生手続きがあります。

金融機関のみを対象とした債権額減額や債務免除だけでは会社再建が困難な場合、私的整理手続きでは金融機関の理解が得られない場合などには、これら手続きの利用を検討することになります。

民事再生手続き及び会社更生手続きの特徴

民事再生手続きは民事再生法、会社更生手続きは会社更生法に定められたルールに基づいて手続きが進められます。また、民事再生手続きや会社更生手続きの中にも、それぞれ、債務者自身（現経営陣）が引き続き経営を行うDIP（debtor in possession）型の手続きと裁判所が選任する管財人が経営を行う管理型の手続きがあります。

いずれの手続きにおいても、金融機関を含むすべての債権者が対象になり、利害関係者が多く、私的整理手続きでは生じなかった問題も顕在化する可能性が高まります。また、法律に基づいて、裁判所の監督下で進められる手続きであるため、私的整理手続きと比べて、煩雑で時間もかかります。

2 事業譲渡・廃業を前提とする清算型の法的倒産手続き

Summary（要約）

1　会社再建を断念して、事業を譲渡する場合、廃業する場合、清算型の法的倒産手続きを取ることになる。

2　主な手続きとして、破産手続きのほか、株式会社が利用できる清算手続きもある。

会社再建を断念した場合の対応

会社再建を断念した場合、事業を譲渡するか、廃業を前提とした上で、清算型の法的倒産手続きを取ることになります。

清算型の法的倒産手続き（破産手続きと特別清算手続き）

破産手続きは、支払不能の状態などに至った場合に、破産法に基づいて、事業を停止し、会社財産をすべて換価して、各債権者に配当する裁判上の手続きです。すべての類型の会社、個人事業主が利用可能な手続きです。裁判所は、破産手続開始とともに、破産管財人を決定します。会社財産の換価や配当など、その後の手続きの多くは、裁判所の監督下で、破産管財人が行います。

清算手続きは、会社法に基づく、会社自身による自主的な清算手続きです。株式会社のみが利用可能な手続きです。会社の解散後、清算手続きに入りますが、債務超過の疑いがある場合には特別清算手続きとなり、裁判所と監督委員による一定の監督を受けながら手続きを進めることになります。特別清算では、債権全額の弁済を受けることのできない債権者の同意を得る必要があり、同意を得られる見込みがない場合には、破産手続きに移行することになります。

手続選択にあたり、ある程度の余力を残して弁護士に相談すべき

会社再建を断念した場合の対応については、事業を譲渡するか否か、どの手続きを選択するか、専門的な観点からの助言が必要不可欠です。その後の手続きを進めるにあたり留意すべき点も多く、場合によっては後から取り返しがつかない（取り得たはずの選択肢が取れなくなる）こともありますから、金銭面である程度の余力が残っている段階において、弁護士に相談すべきです。

「New Normal」でも押さえておきたい基礎知識

未払賃金立替払制度の活用

会社は、事業譲渡や廃業に伴い、社員を解雇せざるを得なくなります。その際、給与や退職金を全額支払うことができない場合も多いでしょう。

そのような場合、独立行政法人労働者健康安全機構による「未払賃金立替払制度」を活用すべきです。この制度の活用によって、上限額はあるものの、社員は、未払賃金の額の８割について、立替払いを受けることができます。

必要書類等もありますので、手続きの選択と並行して、労働基準監督署に事前に相談・協議したほうがより円滑に進められるでしょう。

資料編

資料1　新型コロナウイルス感染症の労災補償における取扱いについて

基補発0428第１号
令和２年４月28日

都道府県労働局労働基準部長　殿

厚生労働省労働基準局補償課長

新型コロナウイルス感染症の労災補償における取扱いについて

新型コロナウイルス感染症（以下「本感染症」という。）に係る労災補償業務における留意点については、令和２年２月３日付け基補発0203第１号で通知しているところであるが、今般、本感染症の労災補償について、下記のとおり取り扱うこととしたので、本感染症に係る労災保険給付の請求や相談があった場合には、これを踏まえて適切に対応されたい。

記

1　労災補償の考え方について

本感染症については、従来からの業務起因性の考え方に基づき、労働基準法施行規則別表（以下「別表」という。第１の２第６号１又は５に該当するものについて、労災保険給付の対象となるものであるが、その判断に際しては、本感染症の現時点における感染状況と、症状がなくとも感染を拡大させるリスクがあるという本感染症の特性にかんがみた適切な対応が必要となる。

このため、当分の間、別表第１の２第６号５の運用については、調査により感染経路が特定されなくとも、業務により感染した蓋然性が高く、業務に起因したものと認められる場合には、これに該当するものとして、労災保険給付の対象とすること。

2　具体的な取扱いについて

⑴　国内の場合

ア　医療従事者等

患者の診療若しくは看護の業務又は介護の業務等に従事する医師、看護師、介護従事者等が新型コロナウイルスに感染した場合には、業務外で感染したことが明らかである場合を除き、原則として労災保険給付の対象となること。

イ　医療従事者等以外の労働者であって感染経路が特定されたもの

感染源が業務に内在していたことが明らかに認められる場合には、労災保険給付の対象となること。

ウ　医療従事者等以外の労働者であって上記イ以外のもの

調査により感染経路が特定されない場合であっても、感染リスクが相対的に高いと考えられる次のような労働環境下での業務に従事していた労働者が感染したときには、業務により感染した蓋然性が高く、業務に起因したものと認められるか否かを、個々の事案に即して適切に判断すること。

この際、新型コロナウイルスの潜伏期間内の業務従事状況、一般生活状況等を調査した上で、医学専門家の意見も踏まえて判断すること。

㋐　複数（請求人を含む）の感染者が確認された労働環境下での業務

㋑　顧客等との近接や接触の機会が多い労働環境下での業務

⑵　国外の場合

ア　海外出張労働者

海外出張労働者については、出張先国が多数の本感染症の発生国であるとして、明らかに高い感染リスクを有すると客観的に認められる場合には、出張業務に内在する危険が具現化したものか否かを、個々の事案に即して判断すること。

イ　海外派遣特別加入者

海外派遣特別加入者については、国内労働者に準じて判断すること。

3　労災保険給付に係る相談等の取扱いについて

(1)　本件に係る相談等があった場合には、上記１の考え方に基づき、上記２の具体的な取扱い等を懇切丁寧に説明するとともに、労災保険給付の対象となるか否かの判断は、請求書が提出された後に行うものであることを併せて説明すること。

なお、請求書の提出があった場合には、迅速・適正な処理を行うこと。

(2)　本件に係る労災保険給付の請求又は相談があった場合には、引き続き、速やかに補504により当課業務係に報告するとともに、当該請求に対して支給・不支給の決定を行う際には、当分の間、事前に当課職業病認定対策室職業病認定業務第一係に協議すること。

（出所：厚生労働省）

資料2　テレワークモデル就業規則－作成の手引き－

（https://telework.mhlw.go.jp/wp/wp-content/uploads/2019/12/TWmodel.pdf）

資料4　同一労働同一賃金ガイドライン

（https://www.mhlw.go.jp/stf/seisakunitsuite/bunya/0000190591.html）

資料5　パートタイム・有期雇用労働法 対応のための取組手順書

（https://www.mhlw.go.jp/content/000468444.pdf）

※上掲資料についての詳細は、紙幅の都合によりそれぞれのQRコードを読み取った上でご確認ください。なお、資料3は次ページ参照。

資料3　テレワーク導入のための労務管理等Q&A集（14ページ、21～29ページを収録）

（https://telework.mhlw.go.jp/wp/wp-content/uploads/2019/12/RomuQA.pdf）

2.労務管理に関するQ&A

Q2-3　労働時間の把握にはどのようなツールを活用できるのでしょうか?

労務管理ツールとは、勤怠管理(労働時間の管理)や業務管理(業務遂行状況の把握)などを適切に行うために用いるツールのことです。

また、スケジュール管理ツールと一緒にプレゼンス管理ツールを活用することで、現在、在席しているか否か、どこにいるかの状況も把握できるようになります。

さらには、コミュニケーションツールや情報共有ツールの活用方法によっては、労務管理の機能を代替することができますが、従業員と上司が互いに安心して業務状況を共有できるツールを選ぶことが重要です。

【スケジュール管理ツールの活用(例)】

テレワーク中の従業員の業務を管理したり、従業員間でスケジュールを共有したりする機能を持つツールです。従業員が特定の時間帯にどの業務に従事しているかを確認したり、テレワーク時に実施した仕事を可視化したりして管理することができます。

【プレゼンス管理ツールの活用(例)】

プレゼンス管理ツールとは、従業員の在席確認や業務状況を把握するためのツールのことで、リアルに業務の推進状況等を管理することができます。

また、在宅勤務時に業務と私用が混在する場合に、労働時間を自動的に集計するシステムもあります。

さらには、専用のプレゼンス管理ツールを利用するほか、会議システムのカメラ機能を通じて管理する方法や、Eメールの定期的なやり取りによって実施する方法などがあります。

【情報共有ツール】

情報共有ツールとは、従業員が保有する情報を場所にとらわれず、従業員間でやりとりするため、利用するツールのことで、電子的な情報共有によって、場所にとらわれない共同作業が容易にできるようになります。

また、業務進捗の「見える化」や成果の提出、顧客から得た情報や従業員個人ノウハウ・知識の共有にもつながります。

（資料の詳細をご覧になる場合は左のQRコードより）

Q4-1 テレワークを実施するのに必要な情報通信機器はどのようなものですか?

テレワーク用の具体的な情報通信環境として、①パソコン、タブレット、 スマホ等、②サーバ、③ネットワーク回線が必要で、これらを使って、テレワークを実現します。

ネットワーク回線の種類には、公衆回線と専用回線があります。また、VPN(※)と呼ばれる、公衆回線上に仮想的に作られた専用回線もあります。

利用している回線が、セキュリティが確保されたものであるかどうか、回線利用時に通信量や速度などの制限はあるのか、新しいシステムを導入した際に回線にかかるコストが増えるのかなど、現状の回線が今後導入するシステムに利用できるかを確認してください。

サーバとは、端末から指示された内容に対して情報を提供したり処理結果を返したりする役割を持つコンピュータやソフトウェアのことです。用途別にさまざまなサーバが存在します。

サーバや従業員の利用する端末は、回線でつながっています。そのため、既存の環境を確認する際及びICT環境をつくっていく際には、サーバや端末及び回線を一緒に確認しておくことが重要です。

※VPNとは、Virtual Private Networkの略。インターネットを介してデータをやり取りした場合、データの抜き取りや改ざんの危険性がある。一方で専用線は安全性が高いもののコストも高い。
VPNは公衆回線網上で、認証技術や暗号化などの技術を利用し、仮想的な専用線環境を構築する仕組みであり、専用線よりもコストを抑えて安全な通信を確立することができる。

Q4-2 テレワーク導入のためのICT環境の構築にはどのような方式がありますか?

テレワーク導入のためのICT環境の構築には、主に4つの方式があります。

①リモートデスクトップ方式
②仮想デスクトップ方式
③クラウド型アプリ方式
④会社PCの持ち帰り方式

それぞれのシステムには、特徴があるので、現状で最も導入しやすいものを選択すると良いでしょう。

図表4-1　各方式の説明の見方

特徴	該当の方式を利用した場合の従業員の使用感など
セキュリティ	該当の方式のセキュリティ上の特徴
導入条件	該当の方式を導入する際に必要な設備など
導入端末	該当の方式を導入する際に推奨する端末の種類
導入期間	該当の方式のシステムを導入する際、導入完了までにかかる期間
コスト	該当の方式を導入する際に必要なコスト
留意点	導入に際して留意すべき点

4.情報通信環境・セキュリティに関するQ&A

(1) リモートデスクトップ方式

オフィスに設置されたPCのデスクトップ環境を、オフィスの外で用いるPCやタブレット端末などで遠隔から閲覧及び操作することができるシステムです。

図表4-2 リモートデスクトップの仕組み

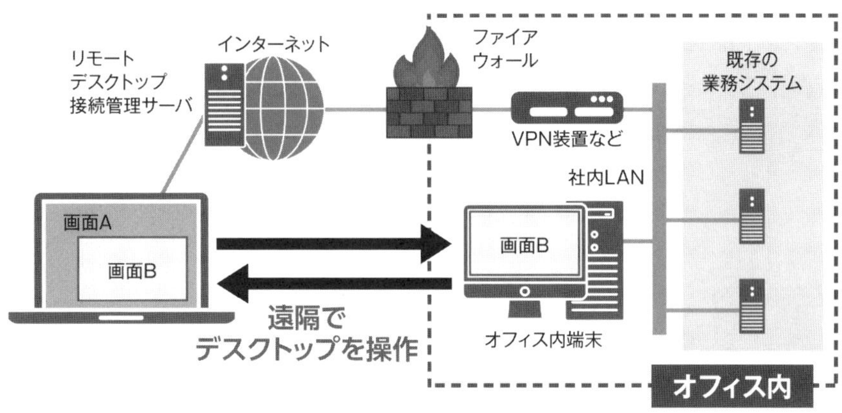

リモートデスクトップ方式	
特徴	手元にある端末のディスプレイ上に、オフィスに設置された端末のデスクトップを表示したウィンドウを開いて見る形になる。これは、オフィスで行っていた業務をそのまま引き続いて自宅で作業できるメリットがある。しかし、リモートで見ているデスクトップの表示サイズに表示が依存し、見にくくなる場合がある。また、回線速度によっては動作が重くなる懸念がある。
セキュリティ	作業は遠隔操作で実施する。そのため、全ての作業がオフィスの端末で行っている状態と同じで、手元の端末にデータは残らない。また、保存したファイルはオフィスにある端末上に保存される。情報漏えいが起きにくいメリットがある。
導入条件	新しくシステムを組み込む必要はなく、オフィスに設置された端末がインターネットにつながっていれば、専用アプリケーションや専用機器(認証キーなど)を介してシステムが利用できる。
導入端末	シンクライアント型PC・BYOD PC
コスト	認証キーの購入などで対応でき、システム構成を大きく変えずに済むため、比較的安価な導入が可能。
留意点	リモートデスクトップを利用するには、オフィスに端末を用意し、常時電源をオンにしておく必要がある。そのためにオフィスの電気代に負担がかかり、リモートデスクトップの利用人数を増やす場合はコストが増大するおそれがある。 この問題を解決する方法として、クラウド技術と組み合わせてオフィスにある端末の電源オン・オフを遠隔から自在に操作可能な技術がある。

(2) 仮想デスクトップ方式

オフィスに設置されているサーバから提供される仮想デスクトップに、手元にあるPCから遠隔でログインして利用するシステムです。リモートデスクトップ方式との違いは、サーバにアクセスして利用する点です。

図表 4-3　仮想デスクトップ方式の仕組み

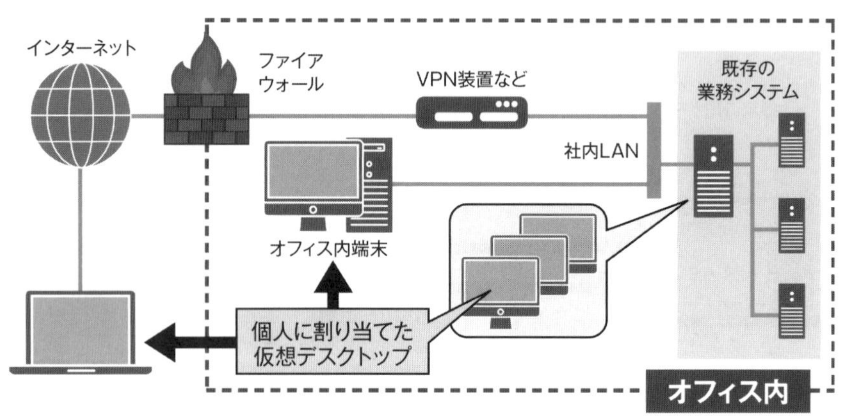

仮想デスクトップ方式	
特徴	手元の端末で、直接作業しているのと変わらない。ただし、作業のしやすさは回線速度に依存。
セキュリティ	作業した内容はサーバに保存され、手元の端末には残らない。また、仮想デスクトップ利用者が自由にソフトウェアをインストールするのを防止することができ、OSのアップデートなどは管理者から実行可能。
導入条件	オフィス内に、仮想デスクトップを管理するサーバやVPN装置などの設置が必要になる。また、社外専用端末にVPNソフトをインストールすることが必要。
導入端末	シンクライアント型PC・BYOD PC
コスト	専用サーバや装置を設置する初期コストがかかる。
留意点	仮想デスクトップでは導入したサーバのリソースを配分して利用するため、グラフィックを頻繁に用いるなどのマシンパワーを要する専門職（設計職、デザイン職など）が利用することは不向きである。

4.情報通信環境・セキュリティに関するQ&A

(3) クラウド型アプリ方式

オフィス内外や利用端末の場所を問わず、Web上からクラウド型アプリにアクセスし、どこからでも同じ環境で作業ができます。従来のSaaSやASPと呼ばれていたサービスに近いものですが、必要なアプリケーション(機能)が、企業のコンピュータや専用サーバ上ではなく、クラウドサーバ上にあるという点で異なります。

図表 4-4　クラウド型アプリ方式の仕組み

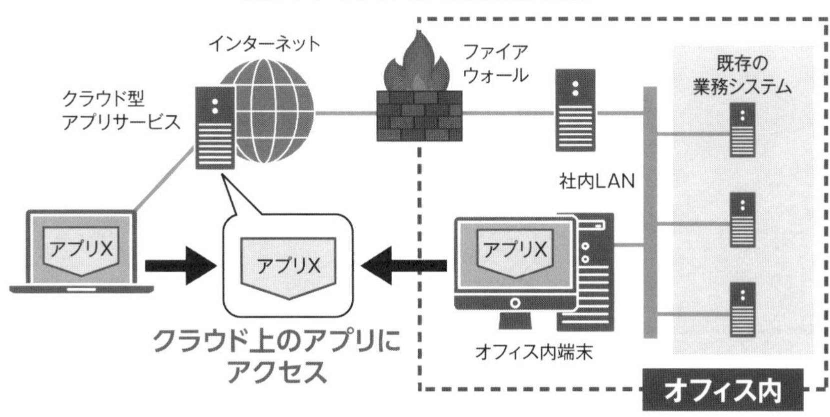

クラウド型アプリ方式	
特徴	あらゆる場所でどの端末を利用しても同じインターネット上の環境で作業することになる。アプリケーションで作業したデータはクラウド上に保存されるので、非常時にオフィス内の端末が使用できなくなった場合でも、他の端末からクラウドにアクセスしてデータを参照できる(BCPに役立つ)。
セキュリティ	従業員の手元の端末からオフィス内の既存のサーバに直接はアクセスできない仕組みである。アプリケーションによっては、クラウド上で作成した資料をローカル環境にダウンロードすることが可能である。
導入条件	既存の社内システムに新しくシステムを組み込む必要はなく、オフィスに設置された端末がインターネットにつながっていれば、アプリケーションに対してアクセス可能なライセンスや認証を取得するだけで利用可能である。
導入端末	端末は問わない。
コスト	設備コストがほとんどかからない。また、資料などをクラウドで保管共有するため、物理的なサーバの用意が不要である。アプリケーションは月額や利用実績に応じる従量課金、無償の場合もある。
留意点	アプリケーション利用のためのライセンスについて、契約によっては1年毎に更新をする必要がある。また、利用するPCはWebブラウザを利用する結果メモリを消費するため、マシンリソースがある程度要求されることになる。

(4) 会社PCの持ち帰り方式

会社で使用しているPCを社外に持ち出し、主にVPN経由で業務を行う方式です。実際に採用する場合は、企業から従業員に対して、情報漏えい対策などの十分なセキュリティ確保のほか、私的利用の制限などの技術的な機能制限をしておく必要があります。

図表 4-5　会社PCの持ち帰り方式の仕組み

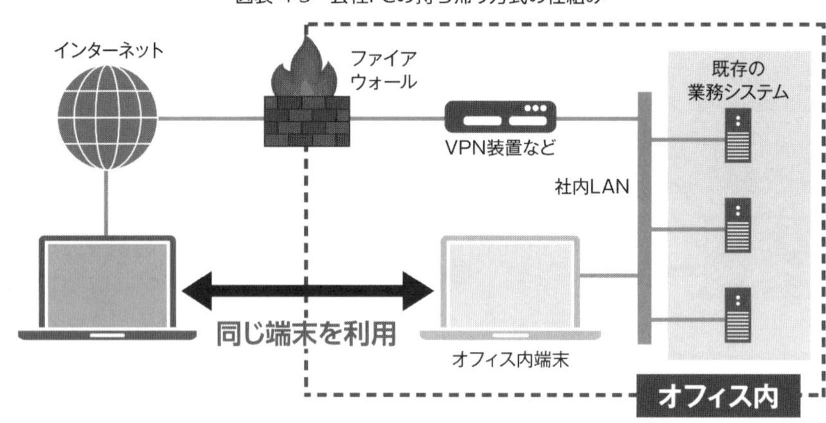

会社PCの持ち帰り方式	
特徴	オフィス内外に関わらず、通常業務に利用しているPCを用いる。そのため、従業員は使い慣れた端末で作業を進めることが可能。
セキュリティ	PCに業務データの多くが格納された状態で社外へ持ち出すことになるため、PCの盗難や紛失による情報漏えいが発生するおそれがある。そのため、企業側からテレワーク専用のPCを貸与する場合は、十分なセキュリティ対策がなされたものを用意することが必要。例えばHDDの暗号化、外部メディア接続の制限、多重認証や生体認証等の複雑な認証要求、シンクライアントPCを採用するといった利用機能の制限、のぞき見防止フィルターの利用など。
導入条件	システムの導入条件はないが、オフィス外へ持ち出すPC自体のセキュリティ対策を十分に行うこと、従業員がセキュリティポリシーを十分に理解して遵守することが要求される。
導入端末	端末は問わないが、オフィス内のセキュリティが確保された環境から外れるため、常に端末そのものに十分なセキュリティ対策を講じていることが求められる。
コスト	他の方式はオフィスに設けられた個人の端末以外のコストを必要とするが、オフィス内外のPCを1台にするため、他の方式よりもテレワーク導入時点のコスト負担が軽くなる。ただし、VPNやセキュリティ確保のための設備にかかる費用が必要である。
留意点	ここで挙げている4つの方式で最もセキュリティに対して慎重な対策を求められる方式だが、情報システム部門などのICT管理の専門部門が定期的に端末のセキュリティチェックなどを実施することができれば、実施は可能である。そのため、小企業などの規模が小さい企業がテレワークを最初に導入する場合には、比較的取り入れやすい方式である。

Q4-3 セキュリティ対策にはどのようなものがありますか？

テレワーク用端末に適用すると効果的なセキュリティ対策には、次のようなものがあります。

図表4-6　効果的なセキュリティ対策

	区分	内容
1	端末へのログイン認証（多重認証、生体認証）	●端末へのログイン方法としてID及びパスワードを用いることが通常ですが、さらなる認証情報を付加させる強化策があります。 ●テレワークで利用する端末とは別の端末から認証する、あるいは2つ目のパスワードを入手する二重認証や、個人が持つ固有の生体的な特徴を認証に用いる生体認証があります。
2	クラウドアクセス時の端末認証	●従業員が複数かつ多様な端末を利用してクラウドサービスへアクセスする場合、端末の個性で利用者を特定することが難しくなります。そのため、利用者が従業員かどうかを確認する仕組みが必要です。 ●クラウド間で認証を連係する「シングルサインオン」などのシステムがあります。1つのパスワードで複数のクラウドサービスを利用できます。 ●パスワードの変更などを一元管理できるメリットがあります。
3	HDD暗号化	●HDD内のデータを常に暗号化しておく仕組みです。 ●PCが盗難に遭った場合でも、情報漏えいする可能性は低くなります。
4	ウイルス対策ソフト	●事前に端末内にウイルス対策ソフトを導入し、ウイルスの早期検知、検知した場合の駆除を行うことができるようにする対策です。 ●ウイルス対策ソフトは端末だけでなく、サーバに対しても機能するものもあります。端末よりもサーバに対してウイルス対策ソフトを導入すると効果的です。 ●ウイルスは常に進化しているので、導入した対策ソフトのアップデートを定期的に行うことが重要です。

Q4-4 テレワーク用端末としてはどのようなものがありますか?

多くのテレワーク用アプリは、端末として、パソコンだけではなく、タブレットやスマホにも対象範囲を広げています。

タブレットやスマホでは、スケジュールやメールの確認など、簡単な使い方が現実的です。しかし、外付けキーボードを用意したり、画面上の仮想マウスを利用したりするなど、より高度な使い方に対応できるように工夫した製品例も増えています。

図表4-7　利用端末の種類

	区分	内容
1	ファットクライアント(リッチクライアント)型PC	●「ファットクライアント」とは、内蔵しているハードディスク内に情報を保存することができる端末のことです。書類の作成も保存も、この端末単体でできます。
2	シンクライアント型PC	●「シンクライアント」とは、ほとんどの機能がサーバで処理され、入出力程度の機能しか持たない端末のことです。書類の作成も保存もサーバ上で処理されるので、データが端末内に保持されません。 ●シンクライアントを用いれば、端末が盗難・紛失した場合でもデータが端末内に存在しないため、データ漏えいが起きにくくなります。 ●ファットクライアントをシンクライアント化するには、USB型などの専用機器(認証キー)が必要です。
3	スマートフォン・タブレット	●モバイルワークとして、移動中にEメール対応などの簡単な業務をするために導入すると便利です。 ●業務に必要なアプリケーションしか使えないように機能制限すると、セキュリティが確保できます。
4	BYOD PCの業務利用	●「BYOD」とは、「Bring your own device」の略称で、従業員が私用のPCやスマートフォンなどの端末を業務に利用することです。 ●従業員は使い慣れた端末を利用でき、企業側は従業員ごとに端末を用意するコストや手間を省けるメリットがあります。 ●ただし、端末が盗難・紛失した際には遠隔操作で端末のデータを消去するようなシステムが必要です。

Q4-5 私物のパソコンを使用しても問題はないでしょうか?

万全なセキュリティ対策をしているテレワーク用アプリを正しく使用するなら、私物のパソコンを使うことも可能です。

このような私物の業務への利用は、BYOD(Bring Your Own Device)と呼ばれています。

リモートデスクトップ方式とBYODを併用すれば、セキュリティは確保できます。

また、最近では、タブレットやスマホ上の業務アプリ(テレワーク用アプリ)向けのセキュリティ管理機能(セキュアコンテナ等)があります。

図表4−8　セキュアコンテナ方式

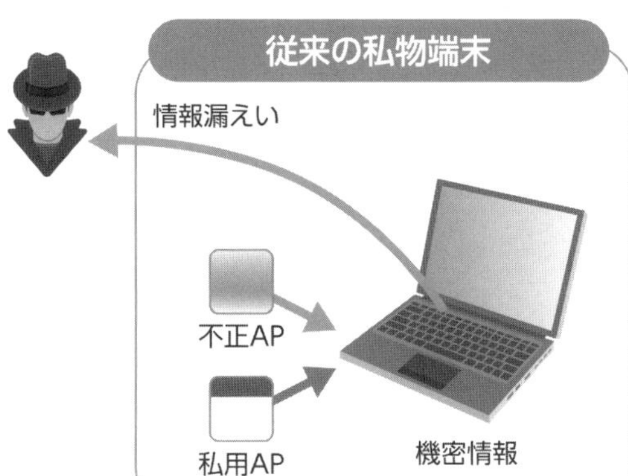

Q4-6 セキュリティルールを策定しておくべきでしょうか?

テレワークでは、従業員が業務に関わる情報をオフィス外で利用することになります。

業務に関わる情報は全て企業にとって「情報資産」ですので、導入に当たっては、セキュリティの方針や行動指針に基づく安全な利用が必要です。

また、オフィス外で仕事をする時に懸念される点として、端末そのものの紛失・盗難、セキュリティが確保されていない公衆Wi-Fiの使用、ウイルスへの感染などがありますので、端末自体のセキュリティ強度を上げてデータの漏洩を防ぐことも重要となります。

さらに、テレワーク実施者が、「利用する情報資産の管理責任があること」を自覚して行動をとることが重要です。

つまり、技術的なセキュリティ確保と人為的なセキュリティ確保との両面が必要となります。

このために、テレワーク時の行動ルールを決めます。利用端末の管理、社内ネットワークへのアクセス方法、外出先での端末利用に当たってののぞき見防止用セキュリティフィルターの利用、書類の持ち出しルールなどです。

セキュリティルール策定に当たっては、総務省の「テレワークセキュリティガイドライン」が参考になります。以下にURLを記載します。

http://www.soumu.go.jp/main_content/000215331.pdf

Q5-1　テレワークを導入するに当たって、どこに相談すればよいですか?

厚生労働省の委託事業で、テレワーク相談センターが設置されています。

テレワーク相談センターには、テレワークに関する専門の相談員が常駐しており、在宅勤務やモバイルワークなどのテレワークの導入に関する様々なご相談に無償で対応しています。

テレワーク導入時の労務管理、テレワーク用ICT機器、テレワーク時の社内ルール、他社の導入事例など多岐にわたって相談に対応します。また、テレワークに関する各種資料が豊富に揃っています。

フリーダイヤル及びURLは以下のとおりです。

TEL　0120-91-6479
URL　http://www.tw-sodan.jp/

Q5-2　職場意識改善助成金(テレワークコース)はどうすれば受給できますか?

テレワーク導入に当たっては、ICT環境の整備や労務管理のコンサルティングなどに費用がかかります。

厚生労働省の「職場意識改善助成金(テレワークコース)」では、テレワークを新規で導入する中小企業に、導入経費の1/2～3/4(上限額:150万円)を助成しています。

こうした助成金を活用することにより、定額の初期コストでテレワークの導入が可能になります。

支給対象となる取組は、次のとおりです。これらの経費の一部を成果目標の達成状況に応じて支給します。ただし、通信費・使用料等は評価期間という助成金申請のためのテレワーク実施期間(1～6ヶ月)のみが対象です。

・テレワーク用通信機器の導入・運用
・保守サポート料、通信費
・クラウドサービス使用料
・就業規則・テレワーク勤務規程、労使協定などの作成・変更
・労務管理担当者や労働者に対する研修、周知・啓発
・外部専門家(社会保険労務士など)による導入コンサルティング

本助成金については「テレワーク相談センター」にお問い合わせください。

(出所：厚生労働省)

資料6　労働時間の適正な把握のために使用者が講ずべき措置に関するガイドライン

1　趣旨

労働基準法においては、労働時間、休日、深夜業等について規定を設けていることから、使用者は、労働時間を適正に把握するなど労働時間を適切に管理する責務を有している。

しかしながら、現状をみると、労働時間の把握に係る自己申告制（労働者が自己の労働時間を自主的に申告することにより労働時間を把握するもの。以下同じ。）の不適正な運用等に伴い、同法に違反する過重な長時間労働や割増賃金の未払いといった問題が生じているなど、使用者が労働時間を適切に管理していない状況もみられるところである。

このため、本ガイドラインでは、労働時間の適正な把握のために使用者が講ずべき措置を具体的に明らかにする。

2　適用の範囲

本ガイドラインの対象事業場は、労働基準法のうち労働時間に係る規定が適用される全ての事業場であること。

また、本ガイドラインに基づき使用者（使用者から労働時間を管理する権限の委譲を受けた者を含む。以下同じ。）が労働時間の適正な把握を行うべき対象労働者は、労働基準法第41条に定める者及びみなし労働時間制が適用される労働者（事業場外労働を行う者にあっては、みなし労働時間制が適用される時間に限る。）を除く全ての者であること。

なお、本ガイドラインが適用されない労働者についても、健康確保を図る必要があることから、使用者において適正な労働時間管理を行う責務があること。

3　労働時間の考え方

労働時間とは、使用者の指揮命令下に置かれている時間のことをいい、使用者の明示又は黙示の指示により労働者が業務に従事する時間は労働時間に当たる。そのため、次のアからウのような時間は、労働時間として扱わなければならないこと。

ただし、これら以外の時間についても、使用者の指揮命令下に置かれていると評価される時間については労働時間として取り扱うこと。

なお、労働時間に該当するか否かは、労働契約、就業規則、労働協約等の定めのいかんによらず、労働者の行為が使用者の指揮命令下に置かれたものと評価することができるか否かにより客観的に定まるものであること。また、客観的に見て使用者の指揮命令下に置かれていると評価されるかどうかは、労働者の行為が使用者から義務づけられ、又はこれを余儀なくされていた等の状況の有無等から、個別具体的に判断されるものであること。

ア　使用者の指示により、就業を命じられた業務に必要な準備行為（着用を義務付けられた所定の服装への着替え等）や業務終了後の業務に関連した後始末（清掃等）を事業場内において行った時間

イ　使用者の指示があった場合には即時に業務に従事することを求められており、労働から離れることが保障されていない状態で待機等している時間（いわゆる「手待時間」）

ウ　参加することが業務上義務づけられている研修・教育訓練の受講や、使用者の指示により業務に必要な学習等を行っていた時間

4　労働時間の適正な把握のために使用者が講ずべき措置

(1)　始業・終業時刻の確認及び記録

使用者は、労働時間を適正に把握するため、労働者の労働日ごとの始業・終業時刻を確認し、これを記録すること。

(2)　始業・終業時刻の確認及び記録の原則的な方法

使用者が始業・終業時刻を確認し、記録する方法としては、原則として次のいずれかの方法によること。

ア　使用者が、自ら現認することにより確認し、適正に記録すること。

イ　タイムカード、ＩＣカード、パソコンの使用時間の記録等の客観的な記録を基礎として確認し、適正に記録すること。

⑶　自己申告制により始業・終業時刻の確認及び記録を行う場合の措置

上記⑵の方法によることなく、自己申告制によりこれを行わざるを得ない場合、使用者は次の措置を講ずること。

ア　自己申告制の対象となる労働者に対して、本ガイドラインを踏まえ、労働時間の実態を正しく記録し、適正に自己申告を行うことなどについて十分な説明を行うこと。

イ　実際に労働時間を管理する者に対して、自己申告制の適正な運用を含め、本ガイドラインに従い講ずべき措置について十分な説明を行うこと。

ウ　自己申告により把握した労働時間が実際の労働時間と合致しているか否かについて、必要に応じて実態調査を実施し、所要の労働時間の補正をすること。

特に、入退場記録やパソコンの使用時間の記録など、事業場内にいた時間の分かるデータを有している場合に、労働者からの自己申告により把握した労働時間と当該データで分かった事業場内にいた時間との間に著しい乖離が生じているときには、実態調査を実施し、所要の労働時間の補正をすること。

エ　自己申告した労働時間を超えて事業場内にいる時間について、その理由等を労働者に報告させる場合には、当該報告が適正に行われているかについて確認すること。

その際、休憩や自主的な研修、教育訓練、学習等であるため労働時間ではないと報告されていても、実際には、使用者の指示により業務に従事しているなど使用者の指揮命令下に置かれていたと認められる時間については、労働時間として扱わなければならないこと。

オ　自己申告制は、労働者による適正な申告を前提として成り立つものである。このため、使用者は、労働者が自己申告できる時間外労働の時間数に上限を設け、上限を超える申告を認めない等、労働者による労働時間の適正な申告を阻害する措置を講じてはならないこと。

また、時間外労働時間の削減のための社内通達や時間外労働手当の定額払等労働時間に係る事業場の措置が、労働者の労働時間の適正な申告を阻害する要因となっていないかについて確認するとともに、当該要因となっている場合においては、改善のための措置を講ずること。

さらに、労働基準法の定める法定労働時間や時間外労働に関する労使協定（いわゆる36協定）により延長することができる時間数を遵守することは当然であるが、実際には延長することができる時間数を超えて労働しているにもかかわらず、記録上これを守っているようにすることが、実際に労働時間を管理する者や労働者等において、慣習的に行われていないかについても確認すること。

⑷　賃金台帳の適正な調製

使用者は、労働基準法第108条及び同法施行規則第54条により、労働者ごとに、労働日数、労働時間数、休日労働時間数、時間外労働時間数、深夜労働時間数といった事項を適正に記入しなければならないこと。

また、賃金台帳にこれらの事項を記入していない場合や、故意に賃金台帳に虚偽の労働時間数を記入した場合は、同法第120条に基づき、30万円以下の罰金に処されること。

⑸　労働時間の記録に関する書類の保存

使用者は、労働者名簿、賃金台帳のみならず、出勤簿やタイムカード等の労働時間の記録に関する書類について、労働基準法第109条に基づき、３年間保存しなければならないこと。

(6) 労働時間を管理する者の職務

事業場において労務管理を行う部署の責任者は、当該事業場内における労働時間の適正な把握等労働時間管理の適正化に関する事項を管理し、労働時間管理上の問題点の把握及びその解消を図ること。

(7) 労働時間等設定改善委員会等の活用

使用者は、事業場の労働時間管理の状況を踏まえ、必要に応じ労働時間等設定改善委員会等の労使協議組織を活用し、労働時間管理の現状を把握の上、労働時間管理上の問題点及びその解消策等の検討を行うこと。

(出所：厚生労働省)

資料7　情報通信技術を利用した事業場外勤務の適切な導入及び実施のためのガイドライン

1　趣旨

労働者が情報通信技術を利用して行う事業場外勤務（以下「テレワーク」という。）は、業務を行う場所に応じて、労働者の自宅で業務を行う在宅勤務、労働者の属するメインのオフィス以外に設けられたオフィスを利用するサテライトオフィス勤務、ノートパソコンや携帯電話等を活用して臨機応変に選択した場所で業務を行うモバイル勤務といった分類がされる。

いずれも、労働者が所属する事業場での勤務に比べて、働く時間や場所を柔軟に活用することが可能であり、通勤時間の短縮及びこれに伴う精神的・身体的負担の軽減、仕事に集中できる環境での就労による業務効率化及びこれに伴う時間外労働の削減、育児や介護と仕事の両立の一助となる等、労働者にとって仕事と生活の調和を図ることが可能となるといったメリットを有する。

また、使用者にとっても、業務効率化による生産性の向上、育児・介護等を理由とした労働者の離職の防止や、遠隔地の優秀な人材の確保、オフィスコストの削減等のメリットを有している。

上記のテレワークの形態ごとの特徴を例示すると以下のような点が挙げられる。

①　在宅勤務

通勤を要しないことから、事業場での勤務の場合に通勤に要する時間を有効に活用できる。また、例えば育児休業明けの労働者が短時間勤務等と組み合わせて勤務することが可能となること、保育所の近くで働くことが可能となること等から、仕事と家庭生活との両立に資する働き方である。

②　サテライトオフィス勤務

自宅の近くや通勤途中の場所等に設けられたサテライトオフィスでの勤務は、通勤時間を短縮しつつ、在宅勤務やモバイル勤務以上に作業環境の整った場所で就労可能な働き方である。

③　モバイル勤務

労働者が自由に働く場所を選択できる、外勤における移動時間を利用できる等、働く場所を柔軟に運用することで、業務の効率化を図ることが可能な働き方である。

さらに、平成27年に独立行政法人労働政策研究・研修機構において実施した「情報通信機器を利用した多様な働き方の実態に関する調査」においても、テレワークの実施の効果について、企業側は「従業員の移動時間の短縮・効率化」（※1）、「定型的業務の効率・生産性の向上」（※2）等の点を、労働者側は「仕事の生産性・効率性が向上する」（54.4％）、「通勤による負担が少ない」（17.4％）等の点をそれぞれ挙げている。

その一方で、同調査においては、テレワークを行う上での問題や課題等についても挙げており、企業側は「労働時間の管理が難しい」（※3）、「情報セキュリティの確保に問題がある」（※4）等の点を、労働者側は「仕事と仕事以外の切り分けが難しい」（38.3％）、「長時間労働になりやすい」（21.1％）等の点をそれぞれ挙げている。

特に労働時間の管理や長時間労働の問題については、働き方改革実行計画（平成29年3月28日働き方改革実現会議決定）においても、テレワークが長時間労働につながるおそれがあることが指摘されている。

こうしたことから、テレワークにおける適切な労務管理の実施は、テレワークの普及の前提となる重要な要素であるため、本ガイドラインにおいてその留意すべき点を明らかにしたものである。

（※1）終日在宅勤務：35.7％、1日の一部在宅勤務：44.9％、モバイルワーク：58.4％
（※2）終日在宅勤務：35.7％、1日の一部在宅勤務：28.6％、モバイルワーク：54.5％
（※3）終日在宅勤務：30.9％、1日の一部在宅勤務：42.0％、モバイルワーク：40.3％
（※4）終日在宅勤務：27.3％、1日の一部在宅勤務：28.0％、モバイルワーク：42.3％

2　労働基準関係法令の適用及び留意点等

⑴　労働基準関係法令の適用

労働基準法上の労働者については、テレワークを行う場合においても、労働基準法（昭和22年法律第49号）、最低賃金法（昭和34年法律第137号）、労働安全衛生法（昭和47年法律第57号）、労働者災害補償保険法（昭和22年法律第50号）等の労働基準関係法令が適用されることとなる。

⑵　労働基準法の適用に関する留意点

ア　労働条件の明示

使用者は、労働契約を締結する際、労働者に対し、賃金や労働時間のほかに、就業の場所に関する事項等を明示しなければならない（労働基準法第15条、労働基準法施行規則（昭和22年厚生省令第23号）第5条第1項第1の3号）。その際、労働者に対し就労の開始時にテレワークを行わせることとする場合には、就業の場所としてテレワークを行う場所を明示しなければならない。また、労働者がテレワークを行うことを予定している場合においては、自宅やサテライトオフィス等、テレワークを行うことが可能である就業の場所を明示することが望ましい。

なお、労働者が専らモバイル勤務をする場合等、業務内容や労働者の都合に合わせて働く場所を柔軟に運用する場合は、就業の場所についての許可基準を示した上で、「使用者が許可する場所」といった形で明示することも可能である。

また、テレワークの実施とあわせて、始業及び終業の時刻の変更等を行うことを可能とする場合は、就業規則に記載するとともに、その旨を明示しなければならない（労働基準法施行規則第5条第1項第2号）。

イ　労働時間制度の適用と留意点

使用者は、原則として労働時間を適正に把握する等労働時間を適切に管理する責務を有していることから、下記に掲げる各労働時間制度の留意点を踏まえた上で、労働時間の適正な管理を行う必要がある。

㈠　通常の労働時間制度における留意点

(i)　労働時間の適正な把握

通常の労働時間制度に基づきテレワークを行う場合についても、使用者は、その労働者の労働時間について適正に把握する責務を有し、みなし労働時間制が適用される労働者や労働基準法第41条に規定する労働者を除き、「労働時間の適正な把握のために使用者が講ずべき措置に関するガイドライン」（平成29年1月20日策定）に基づき、適切に労働時間管理を行わなければならない。

同ガイドラインにおいては、労働時間を記録する原則的な方法として、パソコンの使用時間の記録等の客観的な記録によること等が挙げられている。また、やむを得ず自己申告制によって労働時間の把握を行う場合においても、同ガイドラインを踏まえた措置を講ずる必要がある。

(ii)　テレワークに際して生じやすい事象

テレワークについては、以下のような特有の事象に留意する必要がある。

①　いわゆる中抜け時間について

在宅勤務等のテレワークに際しては、一定程度労働者が業務から離れる時間が生じやすいと考えられる。

そのような時間について、使用者が業務の指示をしないこととし、労働者が労働から離れ、自由に利用することが保障されている場合には、その開始と終了の時間を報告させる等により、休憩時間として扱い、労働者のニーズに応じ、始業時刻を繰り上げる、又は終業時刻を繰り下げることや、その時間を休憩時間ではなく時間単位の年次有給休暇として取り扱うことが考えられる。なお、始業や終業の時刻の変更が行われることがある場合には、その旨を就業規則に記載しておかなければならない。また、時間単位の年次有給休暇を与える場合には、労使協定の締結が必要である。

② 通勤時間や出張旅行中の移動時間中のテレワークについて

テレワークの性質上、通勤時間や出張旅行中の移動時間に情報通信機器を用いて業務を行うことが可能である。

これらの時間について、使用者の明示又は黙示の指揮命令下で行われるものについては労働時間に該当する。

③ 勤務時間の一部でテレワークを行う際の移動時間について

午前中だけ自宅やサテライトオフィスで勤務をしたのち、午後からオフィスに出勤する場合等、勤務時間の一部でテレワークを行う場合がある。

こうした場合の就業場所間の移動時間が労働時間に該当するのか否かについては、使用者の指揮命令下に置かれている時間であるか否かにより、個別具体的に判断されることになる。

使用者が移動することを労働者に命ずることなく、単に労働者自らの都合により就業場所間を移動し、その自由利用が保障されているような時間については、休憩時間として取り扱うことが考えられる。ただし、その場合であっても、使用者の指示を受けてモバイル勤務等に従事した場合には、その時間は労働時間に該当する。

一方で、使用者が労働者に対し業務に従事するために必要な就業場所間の移動を命じており、その間の自由利用が保障されていない場合の移動時間は、労働時間と考えられる。例えば、テレワーク中の労働者に対して、使用者が具体的な業務のために急きょ至急の出社を求めたような場合は、当該移動時間は労働時間に当たる。

なお、テレワークの制度の導入に当たっては、いわゆる中抜け時間や部分的テレワークの移動時間の取扱いについて、上記の考え方に基づき、労働者と使用者との間でその取扱いについて合意を得ておくことが望ましい。

(iii) フレックスタイム制

フレックスタイム制は、清算期間やその期間における総労働時間等を労使協定において定め、清算期間を平均し、1週当たりの労働時間が法定労働時間を超えない範囲内において、労働者が始業及び終業の時刻を決定し、生活と仕事との調和を図りながら効率的に働くことのできる制度であり、テレワークにおいても、本制度を活用することが可能である。

例えば、労働者の都合に合わせて、始業や終業の時刻を調整することや、オフィス勤務の日は労働時間を長く、一方で在宅勤務の日の労働時間を短くして家庭生活に充てる時間を増やす、といった運用が可能である。(ア)(ii)①のような時間についても、労働者自らの判断により、その時間分その日の終業時刻を遅くしたり、清算期間の範囲内で他の労働日において労働時間を調整したりすることが可能である。

ただし、フレックスタイム制は、あくまで始業及び終業の時刻を労働者の決定に委ねる制度であるため、(ア)(i)に示すとおり、「労働時間の適正な把握のために使用者が講ずべき措置に関するガイドライン」に基づき、使用者は各労働者の労働時間の把握を適切に行わなければならない。

なお、フレックスタイム制の導入に当たっては、労働基準法第32条の3に基づき、就業規則その他これに準ずるものにより、始業及び終業の時刻をその労働者の決定に委ねる旨定めるとともに、労使協定において、対象労働者の範囲、清算期間、清算期間における総労働時間、標準となる1日の労働時間等を定めることが必要である。

(イ) 事業場外みなし労働時間制

テレワークにより、労働者が労働時間の全部又は一部について事業場外で業務に従事した場合において、使用者の具体的な指揮監督が及ばず、労働時間を算定することが困難なときは、労働基準法第38条の2で規定する事業場外労働のみなし労働時間制（以下「事業場外みなし労働時間制」という。）が適用される。

テレワークにおいて、使用者の具体的な指揮監督が及ばず、労働時間を算定することが困難であるというためには、以下の要件をいずれも満たす必要がある。

① 情報通信機器が、使用者の指示により常時通信可能な状態におくこととされていないこと

「情報通信機器が、使用者の指示により常時通信可能な状態におくこととされていないこと」とは、情報通信機器を通じた使用者の指示に即応する義務がない状態であることを指す。なお、この使用者の指示には黙示の指示を含む。

また、「使用者の指示に即応する義務がない状態」とは、使用者が労働者に対して情報通信機器を用いて随時具体的指示を行うことが可能であり、かつ、使用者からの具体的な指示に備えて待機しつつ実作業を行っている状態又は手待ち状態で待機している状態にはないことを指す。例えば、回線が接続されているだけで、労働者が自由に情報通信機器から離れることや通信可能な状態を切断することが認められている場合、会社支給の携帯電話等を所持していても、労働者の即応の義務が課されていないことが明らかである場合等は「使用者の指示に即応する義務がない」場合に当たる。

したがって、サテライトオフィス勤務等で、常時回線が接続されており、その間労働者が自由に情報通信機器から離れたり通信可能な状態を切断したりすることが認められず、また使用者の指示に対し労働者が即応する義務が課されている場合には、「情報通信機器が、使用者の指示により常時通信可能な状態におくこと」とされていると考えられる。

なお、この場合の「情報通信機器」とは、使用者が支給したものか、労働者個人が所有するものか等を問わず、労働者が使用者と通信するために使用するパソコンやスマートフォン・携帯電話端末等を指す。

② 随時使用者の具体的な指示に基づいて業務を行っていないこと

「具体的な指示」には、例えば、当該業務の目的、目標、期限等の基本的事項を指示することや、これら基本的事項について所要の変更の指示をすることは含まれない。

事業場外みなし労働時間制を適用する場合、テレワークを行う労働者は、就業規則等で定められた所定労働時間を労働したものとみなされる（労働基準法第38条の2第1項本文）。

ただし、業務を遂行するために通常所定労働時間を超えて労働することが必要となる場合には、当該業務に関しては、当該業務の遂行に通常必要とされる時間を労働したものとみなされる（労働基準法第38条の2第1項ただし書）。この「当該業務の遂行に通常必要とされる時間」は、業務の実態を最もよく分かっている労使間で、その実態を踏まえて協議した上で決めることが適当であるため、労使協定によりこれを定めることが望ましい。当該労使協定は労働基準監督署長へ届け出なければならない（労働基準法第38条の2第2項及び第3項）。また、この場合、労働時間の一部について事業場内で業務に従事した場合には、当該事業場内の労働時間と「当該業務の遂行に通常必要とされる時間」とを加えた時間が労働時間となること、このため事業場内の労働時間については、(ア)(i)に示したとおり、「労働時間の適正な把握のために使用者が講ずべき措置に関するガイドライン」に基づき適切に把握しなければならないことに留意が必要である。

事業場外みなし労働時間制が適用される場合、所定労働時間又は業務の遂行に通常必要とされる時間労働したものとみなすこととなるが、労働者の健康確保の観点から、勤務状況を把握し、適正な労働時間管理を行う責務を有する。

その上で、必要に応じ、実態に合ったみなし時間となっているか労使で確認し、結果に応じて、業務量を見直したり、労働時間の実態に合わせて労使協定を締結又は見直したりすること等が適当である。

なお、テレワークを行わず労働者が労働時間の全部を事業場内で業務に従事する日や、テレワークを行うが使用者の具体的な指揮監督が及び労働時間を算定することが困難でないときについては、事業場外みなし労働時間制の適用はない。

(ウ) 裁量労働制の対象となる労働者のテレワークについて

専門業務型裁量労働制や企画業務型裁量労働制は、労使協定や労使委員会の決議により法定の事項を定めて労働基準監督署長に届け出た場合において、対象労働者を、業務の性質上その適切な遂行のためには遂行の方法を大幅に労働者の裁量に委ねる必要があるため、当該業務の遂行の手段及び時間配分の決定等に関し使用者が具体的な指示をしないこととする業務に就かせた場合には、決議や協定で定めた時間労働したものとみなされる制度である。裁量労働制の要件を満たし、制度の対象となる労働者についても、テレワークを行うことが可能である。

この場合、労使協定で定めた時間又は労使委員会で決議した時間を労働時間とみなすこととなるが、労働者の健康確保の観点から、決議や協定において定めるところにより、勤務状況を把握し、適正な労働時間管理を行う責務を有する。

その上で、必要に応じ、労使協定で定める時間が当該業務の遂行に必要とされる時間となっているか、あるいは、業務量が過大もしくは期限の設定が不適切で労働者から時間配分の決定に関する裁量が事実上失われていないか労使で確認し、結果に応じて、業務量等を見直すことが適当である。

ウ　休憩時間の取扱いについて

労働基準法第34条第2項では、原則として休憩時間を労働者に一斉に付与することを規定しているが、テレワークを行う労働者について、労使協定により、一斉付与の原則を適用除外とすることが可能である。

なお、一斉付与の原則の適用を受けるのは、労働基準法第34条に定める休憩時間についてであり、労使の合意により、これ以外の休憩時間を任意に設定することも可能である。

また、テレワークを行う労働者について、本来休憩時間とされていた時間に使用者が出社を求める等具体的な業務のために就業場所間の移動を命じた場合、当該移動は労働時間と考えられるため、別途休憩時間を確保する必要があることに留意する必要がある。

エ　時間外・休日労働の労働時間管理について

テレワークについて、実労働時間やみなされた労働時間が法定労働時間を超える場合や、法定休日に労働を行わせる場合には、時間外・休日労働に係る三六協定の締結、届出及び割増賃金の支払が必要となり、また、現実に深夜に労働した場合には、深夜労働に係る割増賃金の支払が必要となる（労働基準法第36条及び第37条）。

このようなことから、テレワークを行う労働者は、業務に従事した時間を日報等において記録し、使用者はそれをもって当該労働者に係る労働時間の状況の適切な把握に努め、必要に応じて労働時間や業務内容等について見直すことが望ましい。

なお、労働者が時間外、深夜又は休日（以下エにおいて「時間外等」という。）に業務を行った場合であっても、少なくとも、就業規則等により時間外等に業務を行う場合には事前に申告し使用者の許可を得なければならず、かつ、時間外等に業務を行った実績について事後に使用者に報告しなければならないとされている事業場において、時間外等の労働について労働者からの事前申告がなかった場合又は事前に申告されたが許可を与えなかった場合であって、かつ、労働者から事後報告がなかった場合について、次の全てに該当する場合には、当該労働者の時間外等の労働は、使用者のいかなる関与もなしに行われたものであると評価できるため、労働基準法上の労働時間に該当しないものである。

① 時間外等に労働することについて、使用者から強制されたり、義務付けられたりした事実がな

いこと。

② 当該労働者の当日の業務量が過大である場合や期限の設定が不適切である場合等、時間外等に労働せざるを得ないような使用者からの黙示の指揮命令があったと解し得る事情がないこと。

③ 時間外等に当該労働者からメールが送信されていたり、時間外等に労働しなければ生み出し得ないような成果物が提出されたりしている等、時間外等に労働を行ったことが客観的に推測できるような事実がなく、使用者が時間外等の労働を知り得なかったこと。

ただし、上記の事業場における事前許可制及び事後報告制については、以下の点をいずれも満たしていなければならない。

① 労働者からの事前の申告に上限時間が設けられていたり、労働者が実績どおりに申告しないよう使用者から働きかけや圧力があったりする等、当該事業場における事前許可制が実態を反映していないと解し得る事情がないこと。

② 時間外等に業務を行った実績について、当該労働者からの事後の報告に上限時間が設けられていたり、労働者が実績どおりに報告しないように使用者から働きかけや圧力があったりする等、当該事業場における事後報告制が実態を反映していないと解し得る事情がないこと。

(3) 長時間労働対策について

テレワークについては、業務の効率化に伴い、時間外労働の削減につながるというメリットが期待される一方で、労働者が使用者と離れた場所で勤務をするため相対的に使用者の管理の程度が弱くなるおそれがあること等から、長時間労働を招くおそれがあることも指摘されている。

テレワークにおける労働時間管理の必要性については、(2) イで示したとおりであるが、使用者は、単に労働時間を管理するだけでなく、長時間労働による健康障害防止を図ることが求められている。

テレワークにおける長時間労働等を防ぐ手法としては、以下のような手法が考えられる。

① メール送付の抑制

テレワークにおいて長時間労働が生じる要因として、時間外、休日又は深夜に業務に係る指示や報告がメール送付されることが挙げられる。

そのため、役職者等から時間外、休日又は深夜におけるメールを送付することの自粛を命ずること等が有効である。

② システムへのアクセス制限

テレワークを行う際に、企業等の社内システムに外部のパソコン等からアクセスする形態をとる場合が多いが、深夜・休日はアクセスできないよう設定することで長時間労働を防ぐことが有効である。

③ テレワークを行う際の時間外・休日・深夜労働の原則禁止等

業務の効率化やワークライフバランスの実現の観点からテレワークの制度を導入する場合、その趣旨を踏まえ、時間外・休日・深夜労働を原則禁止とすることも有効である。この場合、テレワークを行う労働者に、テレワークの趣旨を十分理解させるとともに、テレワークを行う労働者に対する時間外・休日・深夜労働の原則禁止や使用者等による許可制とすること等を、就業規則等に明記しておくことや、時間外・休日労働に関する三六協定の締結の仕方を工夫することが有効である。

④ 長時間労働等を行う労働者への注意喚起

テレワークにより長時間労働が生じるおそれのある労働者や、休日・深夜労働が生じた労働者に対して、注意喚起を行うことが有効である。

具体的には、管理者が労働時間の記録を踏まえて行う方法や、労務管理のシステムを活用して対象者に自動で警告を表示するような方法がある。

(4) 労働安全衛生法の適用及び留意点

ア 安全衛生関係法令の適用

労働安全衛生法等の関係法令等に基づき、過重労働対策やメンタルヘルス対策を含む健康確保のための措置を講じる必要がある。

具体的には、

・必要な健康診断とその結果等を受けた措置（労働安全衛生法第66条から第66条の7まで）

・長時間労働者に対する医師による面接指導とその結果等を受けた措置（同法第66条の8及び第66条の9）及び面接指導の適切な実施のための時間外・休日労働時間の算定と産業医への情報提供（労働安全衛生規則（昭和47年労働省令第32号）第52条の2）

・ストレスチェックとその結果等を受けた措置（労働安全衛生法第66条の10）

等の実施により、テレワークを行う労働者の健康確保を図ることが重要である。

また、事業者は、事業場におけるメンタルヘルス対策に関する計画である「こころの健康づくり計画」を策定することとしており（労働者の心の健康の保持増進のための指針（平成18年公示第3号））、当該計画において、テレワークを行う労働者に対するメンタルヘルス対策についても衛生委員会等で調査審議の上記載し、これに基づき取り組むことが望ましい。

加えて、労働者を雇い入れたとき又は労働者の作業内容を変更したときは、必要な安全衛生教育を行う等関係法令を遵守する必要がある（労働安全衛生法第59条第1項及び第2項）。

イ　自宅等でテレワークを行う際の作業環境整備の留意

テレワークを行う作業場が、自宅等の事業者が業務のために提供している作業場以外である場合には、事務所衛生基準規則（昭和47年労働省令第43号）、労働安全衛生規則及び「情報機器作業における労働衛生管理のためのガイドライン」（令和元年7月12日基発0712第3号）の衛生基準と同等の作業環境となるよう、テレワークを行う労働者に助言等を行うことが望ましい。

⑸　労働災害の補償に関する留意点

テレワークを行う労働者については、事業場における勤務と同様、労働基準法に基づき、使用者が労働災害に対する補償責任を負うことから、労働契約に基づいて事業主の支配下にあることによって生じたテレワークにおける災害は、業務上の災害として労災保険給付の対象となる。ただし、私的行為等業務以外が原因であるものについては、業務上の災害とは認められない。

在宅勤務を行っている労働者等、テレワークを行う労働者については、この点を十分理解していない可能性もあるため、使用者はこの点を十分周知することが望ましい。

3　その他テレワークの制度を適切に導入及び実施するに当たっての注意点

⑴　労使双方の共通の認識

テレワークの制度を適切に導入するに当たっては、労使で認識に齟齬のないように、あらかじめ導入の目的、対象となる業務、労働者の範囲、テレワークの方法等について、労使委員会等の場で十分に納得のいくまで協議し、文書にして保存する等の手続をすることが望ましい。

また、個々の労働者がテレワークの対象となり得る場合であっても、実際にテレワークを行うか否かは本人の意思によることとすべきである。

⑵　業務の円滑な遂行

テレワークを行う労働者が業務を円滑かつ効率的に遂行するためには、業務内容や業務遂行方法等を明確にして行わせることが望ましい。また、あらかじめ通常又は緊急時の連絡方法について、労使間で取り決めておくことが望ましい。

⑶　業績評価等の取扱い

専らテレワークを行う労働者等、職場に出勤する頻度の低い労働者については、業績評価等について、評価者や労働者が懸念を抱くことのないように、評価制度及び賃金制度を明確にすることが望ましい。

特に、業績評価や人事管理に関して、テレワークを行う労働者について通常の労働者と異なる取扱いを行う場合には、あらかじめテレワークを選択しようとする労働者に対して当該取扱いの内容を説明することが望ましい。また、いつまでに何をするといった形で、仕事の成果に重点を置いた評価を行う場合は、テレワークの場合であっても事業場での勤務と同様の評価が可能であるので、こうした場合は、評価者に対して、労働者の勤務状況が見えないことのみを理由に不当な評価を行わないよう注意喚起することが望ましい。

なお、テレワークを行う労働者について、通常の労働者と異なる賃金制度等を定める場合には、当該事項について就業規則を作成・変更し、届け出なければならないこととされている（労働基準法第89条第2号）。

⑷　通信費、情報通信機器等のテレワークに要する費用負担の取扱い

テレワークに要する通信費、情報通信機器等の費用負担、サテライトオフィスの利用に要する費用、専らテレワークを行い事業場への出勤を要しないとされている労働者が事業場へ出勤する際の交通費等、テレワークを行うことによって生じる費用については、通常の勤務と異なり、テレワークを行う労働者がその負担を負うことがあり得ることから、労使のどちらが負担するか、また、使用者が負担する場合における限度額、労働者が請求する場合の請求方法等については、あらかじめ労使で十分に話し合い、就業規則等において定めておくことが望ましい。

特に、労働者に情報通信機器、作業用品その他の負担をさせる定めをする場合には、当該事項について就業規則に規定しなければならないこととされている（労働基準法第89条第5号）。

⑸　社内教育等の取扱い

テレワークを行う労働者については、OJTによる教育の機会が得がたい面もあることから、労働者が能力開発等において不安に感じることのないよう、社内教育等の充実を図ることが望ましい。

なお、社内教育等を実施する際は、必要に応じ、総務省が作成している「テレワークセキュリティガイドライン」を活用する等して、テレワークを行う上での情報セキュリティ対策についても十分理解を得ておくことが望ましい。

また、テレワークを行う労働者について、社内教育や研修制度に関する定めをする場合には、当該事項について就業規則に規定しなければならないこととされている（労働基準法第89条第7号）。

4　テレワークを行う労働者の自律

テレワークを行う労働者においても、勤務する時間帯や自らの健康に十分に注意を払いつつ、作業能率を勘案して自律的に業務を遂行することが求められる。

（出所：厚生労働省）

資料8　職場における新型コロナウイルス感染症の拡大を防止するためのチェックリスト

1　このチェックリストは、職場における新型コロナウイルス感染症の拡大を防止するための基本的な対策の実施状況について確認いただくことを目的としています。
2　項目の中には、業種、業態、職種等によっては対応できないものがあるかもしれません。ですので、すべての項目が「はい」にならないからといって、対策が不十分ということではありません。職場の実態を確認し、全員（事業者と労働者）がすぐにできることを確実に実施いただくことが大切です。
3　確認した結果は、衛生委員会等に報告し、対策が不十分な点があれば調査審議いただき、改善に繋げてください。また、その結果について全ての労働者が確認できるようにしてください。
　衛生委員会等が設置されていない事業場においては、事業者による自主点検用に用いて下さい。
※都道府県労働局、労働基準監督署に報告いただく必要はありません。

項　目	確認
1　感染防止のための基本的な対策	
(1) 感染防止のための3つの基本：①身体的距離の確保、②マスクの着用、③手洗い	
・人との間隔は、できるだけ2m（最低1m）空けることを求めている。	はい・いいえ
・会話をする際は、可能な限り真正面を避けることを求めている。	はい・いいえ
・外出時、屋内にいるときや会話をするときに、症状がなくてもマスクの着用を求めている。 ※熱中症のリスクがある場合には、6についても確認してください。	はい・いいえ
・手洗いは30秒程度かけて水と石けんで丁寧に洗うことを求めている（手指消毒薬の使用も可）。	はい・いいえ
・その他（　　　）	はい・いいえ
(2) 三つの密の回避等の徹底	
・三つの密（密集、密接、密閉）を回避する行動について全員に周知し、徹底を求めている。	はい・いいえ
・咳エチケットを全員に周知し、徹底を求めている。	はい・いいえ
・こまめな換気について全員に周知し、徹底を求めている。	はい・いいえ
・その他（　　　）	はい・いいえ
(3) 日常的な健康状態の確認	
・出勤前に体温を確認するよう全員に周知し、徹底を求めている。	はい・いいえ
・出社時等に、全員の日々の体調（風邪症状や発熱の有無等）を確認している。	はい・いいえ
・その他（　　　）	はい・いいえ
(4) 一般的な健康確保措置	
・長時間の時間外労働を避けるなど、疲労が蓄積しないように配慮している。	はい・いいえ
・十分な栄養摂取と睡眠の確保について全員に周知し、意識するよう求めている。	はい・いいえ
・その他（　　　）	はい・いいえ
(5)「新しい生活様式」の実践例で示された「働き方の新しいスタイル」の取組状況について	
・「テレワークやローテーション勤務」を取り入れている。	はい・いいえ
・「時差通勤でゆったりと」を取り入れている。	はい・いいえ
・「オフィスはひろびろと」を取り入れている。	はい・いいえ
・「会議はオンライン」を取り入れている。	はい・いいえ

・「名刺交換はオンライン」を取り入れている。	はい・いいえ
・「対面での打合せは換気とマスク」を取り入れている。	はい・いいえ
(6) 新型コロナウイルス感染症に対する情報の収集	
・国、地方自治体等のホームページ等を通じて最新の情報を収集している。	はい・いいえ
・その他（　　　　　　　　　　　　　　　　　　　　　　）	はい・いいえ
2　感染防止のための具体的な対策	
(1) 基本的な対策	
・①換気の悪い密閉空間、②多くの人が密集、③近距離での会話や発声の「3つ密」を同時に満たす行事等を行わないようにしている。	はい・いいえ
・その他（　　　　　　　　　　　　　　　　　　　　　　）	はい・いいえ
(2) 換気の悪い密閉空間の改善	
・職場の建物が機械換気（空気調和設備、機械換気設備）の場合、建築物衛生法令の空気環境の基準が満たされている。	はい・いいえ
・職場の建物の窓が開く場合、1時間に2回程度、窓を全開している。	はい・いいえ
・電車等の公共交通機関の利用に際し、窓開けに協力するよう全員に周知している。	はい・いいえ
・その他（　　　　　　　　　　　　　　　　　　　　　　）	はい・いいえ
(3) 多くの人が密集する場所の改善	
・在宅勤務・テレワーク・ローテーション勤務などを推進している。	はい・いいえ
・時差通勤、自転車通勤、自家用車通勤などの活用を図っている。	はい・いいえ
・テレビ会議等により、人が集まる形での会議等をなるべく避けるようにしている。	はい・いいえ
・対面での会議やミーティング等を行う場合は、人と人の間隔をできるだけ2m（最低1m）空け、可能な限り真正面を避けるようにしている。	はい・いいえ
・接客業等について、人と人が対面する場所は、アクリル板、透明ビニールカーテンなどで遮蔽するようにしている。	はい・いいえ
・その他（　　　　　　　　　　　　　　　　　　　　　　）	はい・いいえ
(4) 接触感染の防止について	
・物品・機器等（例：電話、パソコン、デスク等）については、複数人での共用をできる限り回避するようにしている。	はい・いいえ
・事業所内で労働者が触れることがある物品、機器等について、こまめに消毒を実施することとしている。	はい・いいえ
・その他（　　　　　　　　　　　　　　　　　　　　　　）	はい・いいえ
(5) 近距離での会話や発声の抑制	
・職場では、人と人との間に距離をなるべく保持するようにしている。	はい・いいえ
・外来者、顧客、取引先との対面での接触をなるべく避けるようにしている。	はい・いいえ
・その他（　　　　　　　　　　　　　　　　　　　　　　）	はい・いいえ
(6) トイレの清掃等について	
・不特定多数が接触する場所は、清拭消毒を行うこととしている。	はい・いいえ
・トイレの蓋を閉めて汚物を流すように表示している。	はい・いいえ
・ペーパータオルを設置するか、個人用にタオルを準備している。	はい・いいえ
・ハンドドライヤーは止め、共通のタオルを禁止している。	はい・いいえ
・その他（　　　　　　　　　　　　　　　　　　　　　　）	はい・いいえ
※　便器内は通常の清掃でよい。	
(7) 休憩スペース等の利用について	
・一度に休憩する人数を減らし、対面で食事や会話をしないようにしている。	はい・いいえ

・休憩スペースは常時換気することに努めている。	はい・いいえ
・休憩スペースの共有する物品（テーブル、いす、自販機ボタン等）は、定期的に消毒をしている。	はい・いいえ
・休憩スペースへの入退室の前後に手洗い又は手指の消毒をしている。	はい・いいえ
・社員食堂での感染防止のため、座席数を減らす、昼休み等の休憩時間に幅を持たせている。	はい・いいえ
・社員食堂では感染防止のため、トングやポットなどの共用を避けている。	はい・いいえ
・その他の共有の施設について、密閉、密集、密接とならないよう利用方法について検討している。	はい・いいえ
・その他（　　　　　）	はい・いいえ
（8）ゴミの廃棄について	
・鼻水、唾液などが付いたゴミは、ビニール袋に入れて密閉して縛ることとしている。	はい・いいえ
・ゴミを回収する人は、マスクや手袋を着用することとし、作業後は必ず石けんと流水で手洗いをすることとしている。	はい・いいえ
・その他（　　　　　）	はい・いいえ
3　風邪症状が出た場合等の対応	
・風邪症状等が出た場合は、「出勤しない・させない」の徹底を全員に求めている。	はい・いいえ
・「新型コロナウイルス感染症についての相談の目安」や最寄りの「帰国者・接触者相談センター」を全員に周知している。	はい・いいえ
・その他（　　　　　）	はい・いいえ
4　新型コロナウイルスの陽性者や濃厚接触者（以下「陽性者等」）が出た場合等の対応	
（1）陽性者等に対する不利益取扱い、差別禁止の明確化	
・新型コロナウイルスの陽性者等であると判明しても、解雇その他の不利益な取扱いを受けないこと及び差別的な取扱いを禁止することを全員に周知し、徹底を求めている。	はい・いいえ
（2）陽性者等が出た場合の対応	
・新型コロナウイルスに陽性であると判明した場合は、速やかに事業場に電話、メール等により連絡することを全員に周知し、徹底を求めている。	はい・いいえ
・新型コロナウイルスに陽性であると判明した第三者との濃厚接触があり、保健所から自宅待機等の措置を要請された場合は、速やかに事業場に電話、メール等により連絡することを全員に周知し、徹底を求めている。	はい・いいえ
・新型コロナウイルスに陽性であるとの報告を受け付ける事業場内の部署（担当者）を決め、全員に周知している。また、こうした情報を取り扱う部署（担当者）の範囲を決め、全員に周知している。	はい・いいえ
・新型コロナウイルスに陽性である者と濃厚接触した者が職場内にいた場合にどのような対応をするかルール化し、全員に周知している。	はい・いいえ
・職場の消毒等が必要になった場合の対応について事前に検討を行っている。	はい・いいえ
・その他（　　　　　）	はい・いいえ
（3）その他の対応	
・濃厚接触者への対応等、必要な相談を受け付けてくれる「保健所」、「帰国者・接触者相談センター」を確認してある。	はい・いいえ
・その他（　　　　　）	はい・いいえ
5　感染防止に向けた行動変容	
・事業場のトップが、新型コロナウイルス感染症の拡大防止に積極的に取り組むことを表明している。	はい・いいえ

	・安全衛生委員会、衛生委員会等の労使が集まる場において、新型コロナウイルス感染症の拡大防止をテーマとして取り上げ、事業場の実態を踏まえた、実現可能な対策を議論している。	はい・いいえ
	・その他（　　　　　　　　　　　　　　　　　　　　　　　　　　）	はい・いいえ
6	熱中症の予防（※熱中症のリスクがある場合に確認してください。）	
	・のどの渇きを感じなくても、労働者に水分・塩分を摂取するよう周知し、徹底を求めている。 ※マスクで口が覆われることにより、のどの渇きを感じにくくなることがあります。	はい・いいえ
	・屋外で人と十分な距離（少なくとも2m以上）が確保できる場合には、マスクをはずすよう周知している。	はい・いいえ
	・事務室等における冷房時には、新型コロナウイルス対策のための換気により室内温度が高くなりがちであるため、エアコンの温度設定を下げるなどの調整をしている。	はい・いいえ

（出所：厚生労働省「安全衛生委員会・衛生委員会資料（令和2年6月25日版）」）

SR労務管理研究会
東京SR経営労務センター会員有志と顧問弁護士樋口治朗が共同で立ち上げた「人事労務管理に関する研究活動を基盤にしつつ、中小企業に対する人事労務コンサルティングの実践、協働のため、セミナー・相談会・出版等を通じて、自在に活動する実務家集団」です。

【著者紹介】

川崎 秀明（かわさき ひであき） 特定社会保険労務士（川崎事務所）
2005年5月～2019年5月 東京都社会保険労務士会理事
2015年6月～2017年5月 東京都社会保険労務士会副会長
2013年6月～ 東京SR経営労務センター会長

樋口 治朗（ひぐち じろう） 弁護士（南青山J＆M総合法律事務所）
国家公務員（Ⅰ種）として防衛庁・外務省へ奉職後、2009年、第一東京弁護士会にて弁護士登録。人事労働問題対応（会社側）を一番の得意分野とする。精神科医と共同して行うメンタル社員対策及びハラスメント対策、人事・賃金制度のコンサルティングにも携わっている。2019年４月から、東京SR経営労務センター顧問弁護士に就任。

平澤 貞三（ひらさわ ていぞう） 社会保険労務士（社会保険労務士法人HRビジネスマネジメント）
1992年～2008年 国際会計事務所 税務・アウトソーシングサービス部
2008年4月 平澤国際社労士事務所創設（現 社会保険労務士法人HRビジネスマネジメント）
2019年6月～ 東京SR経営労務センター副会長

滝口 修一（たきぐち しゅういち） 社会保険労務士（滝口社会保険労務士事務所）
1991年7月 不動産会社退職
1991年7月 社会保険労務士開業登録
2013年6月～ 東京ＳＲ経営労務センター副会長

亀谷 康弘（かめたに やすひろ） 特定社会保険労務士（あおい社会保険労務士事務所）
2012年1月 あおい社会保険労務士事務所創設
2013年4月 特定社会保険労務士付記
2019年6月～ 東京SR経営労務センター副会長

with & after コロナ禍を生き抜く 新しい企業の人事・労務管理

2020年10月20日　発行

著　者　川崎秀明／樋口治朗／平澤貞三／滝口修一／亀谷康弘 ⓒ

発行者　小泉　定裕

発行所　株式会社 清文社

東京都千代田区内神田１－６－６（MIF ビル）
〒101-0047　電話03(6273)7946　FAX 03(3518)0299
大阪市北区天神橋２丁目北２－６（大和南森町ビル）
〒530-0041　電話06(6135)4050　FAX 06(6135)4059
URL http://www.skattsei.co.jp/

印刷：大村印刷㈱

■本書の内容に関するお問い合わせは編集部までFAX（03-3518-8864）でお願いします。

■本書の追録情報等は、当社ホームページ（http://www.skattsei.co.jp/）をご覧ください。

ISBN978-4-433-75790-8